GERMANEN UND GERMANIEN
IN GRIECHISCHEN QUELLEN

GERMANEN UND GERMANIEN IN GRIECHISCHEN QUELLEN

*Zusammengestellt und erläutert
von Birgit Neuwald*

Herausgegeben von Alexander Heine

PHAIDON

*Als umfangreichste griechische Quelle ist in einem eigenen Band
erschienen:*

Prokop, Der Gotenkrieg – der Vandalenkrieg

*Ebenso sind die römischen Quellen in zwei eigenen Bänden
zusammengefaßt:*

*Caesar/Tacitus, Berichte über Germanen und Germanien
Germanen und Germanien in römischen Quellen*

Gedruckt auf: 80 g/qm holzfrei
geglättetem ALSTER-Werkdruck.
Säurefrei, ph-neutral und alterungsbeständig.

Gesamtherstellung: Bercker Graph. Betrieb GmbH, Kevelaer
ISBN 3-88851-148-8

Inhaltsverzeichnis

MENANDER PROTEKTOR – *Geschichte*

GEORGIOS MONACHOS – *Weltchronik*

PINDAR

Pindar, der um 520 v. Chr. in Kynoskephalai bei Theben geboren wurde und um 446 starb, stammte aus einem alten Adels-
geschlecht. Er gilt als der größte Chorlyriker der Antike. Von
seinem umfangreichen Werk – 17 Bücher – sind, außer Fragmenten, nur die vier Bücher der Siegeslieder vollständig erhalten, die nach dem Austragungsort der sportlichen Wettkämpfe
gegliedert sind: Olympia, Pytho (Delphi), Isthmos (von Korinth) und Nemea.

Olympische Preislieder 3, 13-16

Die Quelle der Donau

... die Olive brachte von den schattigen Quellen der Donau als schönstes Erinnerungszeichen an die Wettkämpfe in Olympia[1] einstmals der Amphitryonide[2], als er das Volk der Hyperboreer[3] mit Worten überzeugte, es solle Diener des Apollo sein.

---

[1] Die Sieger der Spiele erhielten als Trophäe einen Olivenzweig.
[2] Herakles, Sohn des Zeus und der Alkmene, der Gattin des Amphitryon, war der beliebteste Heros der Antike.
[3] Die Hyperboreer sind ein sagenhaftes Volk, das vom Mythos im Norden jenseits aller bekannten Gebirge angesiedelt und dem bisweilen ein paradiesisches Leben nachgesagt wurde.

HERODOT

Der Historiker Herodot, geboren um 485 v. Chr. in Halikarnassos und gestorben um 425, gilt als der »Vater der Geschichtsschreibung«. Sein Werk – kurz »Historien« genannt – in neun Büchern umfaßt die Zeit vom Trojanischen Krieg bis zu den Perserkriegen mit Xerxes 479 v. Chr. In die Darstellung der historischen Ereignisse bettet Herodot mehrfach lange ethnographische Exkurse über Ägypten, Phönikien, Mesopotamien, Thrakien und Makedonien ein, wohin ihn ausgedehnte Forschungsreisen führten. Herodots Werk ist gekennzeichnet durch das Bestreben, die historische Wahrheit und deren Kausalzusammenhänge zu finden.

Historien 33,3-34,1

Die Quelle der Donau

Die Donau entspringt im Land der Kelten bei der Stadt Pyrene und fließt durch Europa, indem sie es teilt. Die Kelten aber leben außerhalb der Säulen des Herakles[1]; sie grenzen an die Kynesier an, die unter allen Bewohnern Europas am weitesten westlich wohnen. Die Donau aber, die durch ganz Europa fließt, mündet an der Stelle in das Schwarze Meer, an der die milesischen Kolonisten Istria bewohnen[2]. Die Donau ist bei vielen bekannt, weil sie nämlich durch bewohntes Land fließt ...

Historien 115,1-116,3

Die Herkunft des Bernsteins und Zinns

Über die in Europa am weitesten westlich gelegenen Länder vermag ich nichts Genaues zu berichten. Denn ich kann nicht glauben, daß ein von den Barbaren Eridanos[3] genannter Fluß in das Nordmeer mündet und von diesem (Fluß), wie man sagt, der Bernstein kommt. Auch weiß ich nichts von den Kassiteriden[4], von denen das Zinn zu uns kommt. Schon der Name

---

[1] Straße von Gibraltar.
[2] Istria liegt nicht an, sondern im Südwesten der Donaumündung.
[3] Es handelt sich möglicherweise um den Rhein.
[4] die »Zinn-Inseln«, die wahrscheinlich die britischen Inseln gewesen sein dürften, denn in Devon und Cornwall existierten Zinnfelder.

Eridanos beweist, daß er griechisch und nicht barbarisch ist
und von irgendeinem Dichter stammt. Auch habe ich trotz aller
Bemühungen von niemandem, der dort gewesen wäre, etwas
von der Beschaffenheit des Meeres jenseits von Europa erfahren können. Aus diesen entlegensten Gegenden kommen aber
das Zinn und der Bernstein zu uns. Bei weitem das meiste
Gold scheint es im Norden Europas zu geben. Wie es gewonnen
wird, auch darüber kann ich nichts Sicheres sagen... Die
äußersten Länder, die die übrigen umfassen und umschließen,
besitzen offenbar das, was uns am schönsten erscheint und was
wir am seltensten haben.

Historien 48,1-50,4

Die Donau

Die Donau, die der größte aller uns bekannten Flüsse ist,
bleibt sich sowohl im Sommer als auch im Winter immer gleich;
sie ist der westlichste der Flüsse in Skythien und wird dadurch
der größte, daß sich andere Flüsse in sie ergießen... *(Es folgt
eine Aufzählung aller Herodot bekannten Nebenflüsse der Donau.)* So nimmt die Donau diese beiden großen Flüsse[5] auf.
Aus dem Lande oberhalb der Ombriker[6] fließen der Karpis-
Fluß und ein anderer namens Alpis – auch sie strömen nach
Norden – in sie. Denn die Donau fließt durch ganz Europa;
sie nimmt ihren Anfang im Land der Kelten, die nächst den
Kyneten am weitesten zum Sonnenuntergang hin in Europa
wohnen. Sie fließt also durch ganz Europa und gelangt zum
Rande des Skythenlandes. Da die hier aufgezählten und viele
andere Flüsse ihr Wasser in sie zusammenführen, wird die

[5] Angros und Bongros
[6] die Umbrer

Donau zum größten Fluß, denn an und für sich, wenn man die eine mit der anderen Wassermenge vergleicht, ist der Nil wasserreicher; in ihn ergießt sich nämlich kein Fluß und keine Quelle und vermehrt seine Größe.

Daß die Donau im Sommer und im Winter immer gleich fließt, scheint mir daher zu kommen: Im Winter ist sie so groß wie sie (eigentlich) ist; sie wird (nur) geringfügig größer, als es ihrer Natur entspricht. Denn dieses Land erhält im Winter nur wenig Regen, wird aber vollständig von Schnee bedeckt. Im Sommer schmilzt aber der im Winter überall gefallene Schnee und ergießt sich von überall her in die Donau. Dieser geschmolzene Schnee, der in sie fließt, füllt sie an und außerdem viel und heftiger Regen, denn der Sommer ist regnerisch. Je mehr Wasser im Sommer die Sonne an sich zieht als im Winter, desto mehr Wasser wird der Donau im Sommer zugeführt als im Winter. Aus diesem Gegensatz geht ein Gleichgewicht hervor, so daß es scheint, sie sei sich immer gleich.

POLYBIOS

Der griechische Historiker Polybios aus Megalopolis in Arka-
dien, geboren um 200, gestorben um 120 v. Chr., war ein hoher
griechischer Offizier und kam nach der Eroberung Griechenlands durch Rom mit anderen als Geisel nach Rom. Er gewann
dort die Freundschaft des jüngeren Scipio und begleitete ihn
auf seinen Feldzügen gegen Karthago, Griechenland und Numantia. Er schrieb eine Weltgeschichte in 40 Büchern, die die
Zeit von 264 bis 144 v. Chr. umfassen und den Aufstieg Roms
zur Weltmacht darstellen sollte. Vollständig erhalten sind nur
die ersten 5 Bücher, von den übrigen nur, zum Teil größere,
Auszüge.

POLYBIOS

Weltgeschichte II, 18-20

*Eroberung Roms durch die Kelten und die Keltenkriege 345-295
und 285-270 v. Chr.*

18. Anfangs behaupteten sie (die Kelten) nicht nur ihr Land,
sondern hatten sich auch viel benachbarte Völker unterworfen,
die sie durch ihre Kühnheit in Schrecken versetzten. Nach
einiger Zeit besiegten sie die Römer und deren Bundesgenossen in einer Schlacht, verfolgten die Flüchtenden und eroberten
drei Tage später Rom selbst mit Ausnahme des Kapitols. Ein
Einfall der Veneter in ihr eigenes Land jedoch lenkte sie von
Rom ab. Sie schlossen daher einen Vertrag mit den Römern,
gaben ihnen ihre Stadt zurück und kehrten heim. In der nach-
folgenden Zeit waren sie durch innere Kriege beschäftigt. Aber
auch einige Alpenvölker sammelten sich wiederholt zu Vorstö-
ßen gegen sie, da sie aus nächster Nähe den Reichtum sahen,
den sie gewonnen hatten. Währenddessen gewannen die Römer ihre frühere Macht zurück und brachten die Latiner wieder
unter ihre Herrschaft. Als die Kelten von neuem mit einem
großen Heer vor Alba[1] erschienen, dreißig Jahre nach der
Einnahme Roms, wagten die Römer noch nicht, ihr Heer
gegen sie ins Feld zu führen, weil sie durch den plötzlichen
Einmarsch überrascht worden waren und die Truppen der Verbündeten nicht schnell genug hatten zusammenziehen können.
Als die Gallier jedoch zwölf Jahre später wiederum zu einem
neuen Angriff mit einem großen Heer heranzogen, hatten sie
es vorher erfahren und ihre Verbündeten sammeln können; sie
traten ihnen voll Kampfbereitschaft entgegen, entschlossen,

---

[1] Alba Longa, Stadt am Monte Cavo.

eine entscheidende Schlacht herbeizuführen. Die Gallier aber, durch ihren Anmarsch in Schrecken gesetzt und untereinander zerstritten, zogen in der folgenden Nacht fluchtartig in die Heimat ab. Infolge dieses Schreckens hielten sie dreizehn Jahre lang Ruhe; danach schlossen sie mit den Römern aufgrund des Wachsens ihrer Macht einen Friedensvertrag.

19. Diesen Frieden hielten sie dreißig Jahre lang, ohne ihn zu brechen; als dann aber die Völker jenseits der Alpen von neuem in Bewegung gerieten, fürchteten sie, in einen schweren Krieg hineingezogen zu werden, lenkten daher den Angriff der wandernden Scharen durch Geschenke und durch den Hinweis auf ihre Stammesverwandtschaft von sich ab, verlockten sie zu einem Zug gegen die Römer und nahmen selbst daran teil. Auf dem Weg durch Eturien schlossen sich ihnen die Etrusker an. Sie machten große Beute und kehrten dann unbehelligt aus dem römischen Gebiet zurück. Als sie jedoch zu Hause angekommen waren, gerieten sie bei der Teilung des Gewinns aus Habsucht in Streit und zerstörten nicht nur den größten Teil der Beute, sondern rieben sich auch gegenseitig auf. Dies ist so die Art der Gallier, wenn sie ihren Nachbarn etwas abgewonnen haben, und zwar hauptsächlich wegen ihrer unsinnigen Trunk- und Genußsucht.

Vier Jahre später verbündeten sich Samniten[2] und Gallier und lieferten den Römern im Lande der Kamertier eine Schlacht, in der sie viele von ihnen töteten. Dann aber zogen die Römer, um die Schande der erlittenen Niederlage zu tilgen, wenige Tage danach aus und schlugen gegen sie mit allen Legionen in der Nähe von Sentinum[3] eine Schlacht, in der die meisten umkamen, die übrigen gezwungen wurden, Hals über Kopf jedes Volk in sein Land zu fliehen. Als wieder zehn Jahre vergangen waren, erschienen die Gallier mit einem großen

---

[2] Bewohner der Landschaft zwischen Latium, Kampanien und Apulien.
[3] 295 v. Chr.; Stadt in Umbrien, heute Sassoferrato.

Heer, um Arretium[4] zu belagern. Die Römer kamen zu Hilfe, erlitten aber vor der Stadt eine Niederlage. Da der Feldherr Lucius in dieser Schlacht gefallen war, ernannten sie Manius Curius zu seinem Nachfolger. Als dieser wegen der Auslösung von Kriegsgefangenen Gesandte nach Gallien schickte, wurden diese von den Galliern gegen das Völkerrecht getötet. Im frischen Zorn zogen die Römer sofort ins Feld. Die Senonen[5] rückten ihnen entgegen und stellten sich zur Schlacht, in der die Römer den Sieg errangen, die meisten töteten und die übrigen vertrieben. Sie bemächtigten sich des ganzen Landes und führten eine Kolonie, die erste in Gallien, in die Stadt Sena, wie sie nach den früher dort beheimateten Galliern heißt: von ihr haben wir soeben gesprochen, und wir sagten, sie liege an der Adria, am Ende der Ebenen um den Po.

20. Als die Bojer[6] sahen, daß die Senonen aus ihren Wohngebieten vertrieben worden waren, fürchteten sie das gleiche für sich und ihr Land und zogen mit ihrem ganzen Heer ins Feld, nachdem sie die Etrusker zum Beistand aufgefordert hatten. Sie vereinigten sich mit diesen an dem sogenannten Vadimonischen See[7] und lieferten den Römern eine Schlacht. In dieser wurde der größte Teil der Etrusker getötet, von den Bojern entkamen nur ganz wenige. Dessenungeachtet verbanden sich beide Völker im darauffolgenden Jahr erneut, bewaffneten ihre kaum erwachsene Jugend und stellten sich den Römern zur Schlacht, in der sie eine totale Niederlage erlitten. Jetzt endlich war ihr Mut gebrochen; sie schickten Gesandte, um über den Frieden zu verhandeln, und schlossen mit den Römern einen Vertrag. Dies geschah im dritten Jahr vor dem

[4] Stadt am oberen Arno in Etrurien, heute Arezzo.
[5] Keltisches Volk zwischen Ariminum (Rimini) und Sena (Senigallia).
[6] Keltischer Stamm aus der Gegend um Bologna.
[7] Lago di Bassano bei Orte.

Übergang des Pyrrhus[8] nach Italien, im fünften vor der Vernichtung der Gallier bei Delphi[9]. Denn zu dieser Zeit hatte das
Schicksal eine gleichsam pestartig ansteckende Kriegswut über
die Gallier kommen lassen.

Aus diesen Kämpfen erwuchsen den Römern zwei bedeutende Vorteile. Nachdem sie daran gewöhnt waren, von den
Galliern geschlagen zu werden, konnte ihnen nichts Schlimmeres mehr begegnen oder bevorstehen, als was ihnen bereits
widerfahren war; sie traten daher als vollständig ausgebildete
Ringkämpfer dem Pyrrhus auf der Kampfbahn des Krieges
entgegen. Und nachdem sie die Angriffskraft der Gallier zur
rechten Zeit gebrochen hatten, hatten sie den Rücken frei, um
zuerst mit Pyrrhus um Italien Krieg zu führen, dann den Kampf
gegen die Karthager um die Herrschaft über Sizilien auszutra-
gen.

Weltgeschichte II, 34-35

Krieg der Kelten und Gallier gegen die Römer 223-222

34. Als im folgenden Jahr die Kelten Gesandte mit der Bitte
um Frieden schickten und alles zu tun versprachen, setzten die
neu ernannten Konsuln, M. Claudius und Cn. Cornelius,
durch, daß ihnen der Friede nicht bewilligt wurde. Infolge
dieser Ablehnung entschlossen sich die Kelten, das Äußerste
zu wagen und noch einmal ungefähr dreißigtausend Mann
gallische Gaesaten von der Rhone in Sold zu nehmen. Durch
deren Zuzug verstärkt, hielten sie sich bereit und erwarteten

---

[8] Pyrrhus von Epirus, unternahm mehrere Züge gegen die Römer, eroberte
279-276 v. Chr. fast ganz Sizilien.
[9] 279 v. Chr.

den Angriff des Gegners. Die römischen Konsuln rückten zu Beginn der guten Jahreszeit ins Land der Insubrer[10] ein. Dort angekommen, bezogen sie vor der zwischen Po und Alpen gelegenen Stadt Acherrae[11] ein Lager und begannen mit der Belagerung. Die Insubrer, die der Stadt nicht zu Hilfe kommen konnten, weil alle beherrschenden Geländepunkte schon vorher von den Römern besetzt waren, jedoch dringend wünschten, Acherrae von der Belagerung zu befreien, führten einen Teil ihrer Streitkräfte über den Po in das Land der Anaren[12] und begannen, eine Stadt mit dem Namen Clastidium[13] zu belagern. Als die Nachricht hiervon die Konsuln erreichte, brach M. Claudius mit den Reitern und einem Teil der Fußtruppen eilends auf, um den Belagerten zu Hilfe zu kommen. Die Kelten beendeten auf die Kunde von dem Herannahen der Feinde die Belagerung und traten den Römern in Schlachtordnung entgegen. Als diese aber nur mit der Reiterei vom Marsch aus mutig auf sie eindrangen, hielten die Gallier zwar anfangs stand, gerieten dann aber, in der Flanke und im Rücken eingeschlossen, in Bedrängnis und wurden schließlich von den Reitern allein in die Flucht geschlagen. Viele stürzten sich in den Fluß und kamen in den Fluten um, die meisten wurden niedergemacht. Auch Acherrae wurde von den Römern eingenommen, obwohl es gut mit Proviant ausgerüstet war, da die Gallier die Stadt räumten und nach Mediolanum[14] zurückgingen, dem Hauptort des Insubrerlandes. Als Gnaeus[15] ihnen auf dem Fuße folgte und plötzlich vor Mediolanum erschien, verhielten

---

[10] Der bedeutendste keltische Stamm im Norden des Po mit der Hauptstadt Mediolanum (Mailand).

[11] Sonst Acerrae, Stadt der Insubrer zwischen Cremona und Lodi an der Addua.

[12] Keltischer Stamm, der südlich des Po an dessen Oberlauf beheimatet war.

[13] Stadt der Anaren in Oberitalien westlich von Placentia (Piacenza).

[14] vgl. Anm. 10.

[15] Gnaeus Cornelius Scipio Calvus, Enkel des Lucius Cornelius Scipio Barbatus, älterer Bruder des Vaters des großen Scipio.

sie sich zuerst ruhig; als er jedoch wieder nach Acherrae zurück-
ging, verfolgten sie ihn, griffen kühn seine Nachhut an, töteten
viele und zwangen sogar einen Teil von ihnen zu fliehen, bis
Gnaeus seine Vorhut zurückrief und die Fliehenden dazu
brachte, stehen zu bleiben und sich gegen den Feind zu wenden. Die Römer gehorchten ihrem Feldherrn und kämpften
tapfer gegen die andrängenden Feinde. Ermutigt durch ihren
Erfolg, hielten die Kelten eine Zeitlang tapfer stand, bald aber
wandten sie sich zur Flucht in die nahe gelegenen Berge.
Gnaeus folgte ihnen, verwüstete das Land und nahm Mediolanum im Sturm.

35. Hierauf gaben die Führer der Insubrer alle Hoffnung
auf Rettung auf und ergaben sich auf Gnade und Ungnade den
Römern.

So fand der Krieg gegen die Kelten sein Ende, ein Krieg,
der an verzweifelter Tapferkeit der Kämpfenden, an Zahl der
gelieferten Schlachten und an Menge der Gefallenen wie der
Kämpfenden überhaupt keinem anderen, von dem die Geschichte berichtet, nachsteht, der jedoch wegen mangelnder
Planung im ganzen und der Unüberlegtheit aller einzelnen
Maßnahmen als völlig unbedeutend gelten muß, weil die Gallier nicht etwa nur die meisten Dinge, sondern regelrecht alles
überhaupt, was geschah, mehr von Leidenschaft als von kluger
Berechnung regiert sein ließen. Da ich nun sah, daß sie nach
kurzer Zeit mit Ausnahme weniger am Fuß der Alpen liegender
Gegenden aus den Ebenen um den Po vertrieben wurden,
glaubte ich weder ihren ersten Ansturm unerwähnt lassen zu
dürfen noch ihre späteren Taten noch ihre schließliche Vertrei-
bung, in der Überzeugung, es sei die Aufgabe der Geschichtsschreibung, solche Zwischenspiele des Schicksals ins Gedächtnis zu rufen und der Nachwelt zu überliefern, damit nicht
unsere Nachfahren, in diesen Dingen völlig unkundig, bei
plötzlichen und unerwarteten Überfällen der Barbaren den
Mut verlieren, sondern, wenn sie sich nur einigermaßen klar-

machen, wie vergänglich die Macht solcher Völker ist und wie leicht sie zu vernichten sind, standhalten und alles versuchen, was ihnen Aussicht auf Rettung bietet, ehe sie eine lebenswichtige Position preisgeben. Denn auch die, die uns den Zug der Perser gegen Griechenland und den der Gallier gegen Delphi zum Gedächtnis überliefert haben, scheinen mir nicht einen geringen, sondern einen großen Beitrag zu den Kämpfen für die Freiheit aller Griechen geleistet zu haben. Denn man wird sich weder durch die Menge an Geldmitteln noch an Waffen noch an Kämpfern abschrecken lassen, das Äußerste im Kampf für Heimat und Vaterland zu wagen, wenn man sich den erstaunlichen Verlauf der damaligen Geschehnisse vor Augen hält und sich erinnert, wie viele Myriaden, welche Kühnheit und wie große Kriegsrüstungen durch die Unerschrockenheit und Kraft derer besiegt worden sind, die den Kampf mit Klugheit und überlegener Einsicht geführt haben. Die Keltengefahr aber hat nicht nur vor langer Zeit, sondern auch zu meiner Zeit schon mehrfach die Griechen in Schrecken versetzt. Dies vor allem hat mich veranlaßt, einen Bericht hierüber, zwar nur im Überblick, jedoch von den ersten Anfängen an zu geben.

Weltgeschichte III, 79

Kelten im Heer Hannibals 217 v. Chr.

79. Nachdem Hannibal durch sorgfältige Erforschung festgestellt hatte, daß das Gebiet, durch das sein Marsch führen sollte, zwar unter Wasser stehe, darunter aber überall fester Grund sei, setzte er sich in Bewegung. In die Vorhut nahm er die Libyer und Iberer und alle Kerntruppen seines Heeres, zwischen sie das Gepäck, damit sie für den Moment mit den nötigen Lebensmitteln ausgerüstet wären; denn im Blick auf

die Zukunft war er völlig unbesorgt um den ganzen Troß, in
der Überlegung, im Feindesland angekommen, werde er im
Falle der Niederlage keine Verpflegung mehr brauchen, wenn
er dagegen nach einem Sieg das offene Land beherrsche, werde
er an Nahrung Überfluß haben. Auf die Genannten ließ er die
Kelten und auf diese die Reiter folgen. Den Befehl über die
Nachhut übertrug er seinem Bruder Mago, hauptsächlich in
Hinblick auf die Weichlichkeit der Kelten und ihre Scheu vor
Anstrengungen, damit er sie, wenn sie sich, von den Strapazen
erschöpft, nach rückwärts wendeten, mit der Reiterei hindere
und Gewalt gegen sie anwende. Die Iberer und die Libyer nun,
die auf dem Marsch durch die Sümpfe den Boden noch fest
vorfanden, legten den Weg unter durchschnittlichen Beschwer-
den zurück, an Strapazen gewöhnt und mit solcher Mühsal
vertraut, wie sie waren. Die Kelten dagegen kamen nur schwierig voran, da die Sümpfe schon aufgewühlt und der Weg durch
sie in Grund und Boden getreten war, und ertrugen nur mit
Mühe und schwerer Not die ihnen so fremden Anstrengungen.
Aber sich nach rückwärts zu wenden, daran hinderten sie die
ihnen unmittelbar folgenden Reiter. Alle nun hatten zu leiden,
und zwar vor allem an Schlaflosigkeit, da sie vier Tage und drei
Nächte ununterbrochen durch Wasser zu marschieren hatten;
ganz besonders aber, mehr als alle anderen, wurden die Kelten
mitgenommen oder gingen wohl sogar an der Überanstrengung
zugrunde . . .

Weltgeschichte XI, 13

Trunksucht der Kelten

3. Nach ihrem Sieg[16] plünderten die Römer sogleich das feindliche Lager, wo sie viele Kelten berauscht auf der Streu schlafend fanden, die sie wie Schlachttiere totschlugen ...

Weltgeschichte XVIII, 37

Gesetzlosigkeit der Gallier

37. Dann sprach Titus[17]: Alexandros[18] sei im Irrtum nicht nur über die Grundsätze römischer Politik, sondern auch über seine eigenen Absichten, vor allem verfehle er die griechischen Interessen. Die Römer hätten niemals jemanden, gegen den sie zum erstenmal Krieg führten, vernichtet. Dies zeige ihr Verhalten gegen Hannibal und die Karthager, von denen sie Furchtbares hätten erdulden müssen, über die sie trotzdem, als es in ihrer Hand lag, mit ihnen einfach alles zu machen, was sie wollten, nichts Unwiderrufliches verhängt hätten. Auch er selbst habe nie den Gedanken gehabt, man müsse gegen Philipp einen unversöhnlichen Krieg führen, kämpfen ohne Gnade. Im Gegenteil würde er zu einer Verständigung gern bereit gewesen sein, wenn jener vor der Schlacht auf seine Forderungen eingegangen wäre. Daher sei er verwundert, daß

---

16 Nach der Schlacht am Metaurus 207 v. Chr., in der Hasdrubal fiel.
17 während der Friedensverhandlungen mit Philipp von Makedonien 196 v. Chr.; es handelt sich um Titus Quinctius Flaminius.
18 Alexandros Isios aus Aetolien; griff während der Friedensverhandlungen Philipp scharf an.

die Aetoler, die doch an den damaligen Beratungen über einen
Vertrag teilgenommen hätten, jetzt eine so unnachgiebige Hal-
tung zeigten. Etwa deshalb, weil wir gesiegt haben? Aber das
ist doch der reine Unverstand. Denn ehrenhafte Männer sollen
im Krieg hart und scharf sein, in der Niederlage ungebrochenen
Mutes, im Sieg jedoch maßvoll, milde und gütig. Ihr fordert
jetzt das Gegenteil. Aber es liegt auch im griechischen Interesse, daß Makedonien zwar wesentlich herabgedrückt, keines-
falls aber ausgelöscht wird. Denn dann würden die Griechen
alsbald unter den Gewalttaten der Thraker und Galater[19], die
weder Gesetz noch Völkerrecht achten, zu leiden haben, wie
das schon oft geschehen ist . . .

---

[19] Galater = anderer Name der Gallier.

DIODOR

Diodor, 1. Jahrhundert v. Chr., aus Sizilien, ist der Verfasser
einer griechischen Weltgeschichte, die von der mythischen Vor-
zeit bis zur Eroberung Britanniens durch Caesar 54 v. Chr.
reicht. Unter anderem berichtet Diodor auch über Ägypten,
Assyrien, Babylonien, Persien und Indien. Von dem ganzen
Werk in 40 Büchern sind nur die ersten fünf (sie behandeln die
Frühgeschichte der orientalischen Völker und der Griechen)
und die Bücher 11-20 (griechische Geschichte der Zeit 480-302
v. Chr.) vollständig erhalten.

Weltgeschichte V, 26-32

Trunksucht

26. Etwas Auffallendes und Bemerkenswertes geschieht in den meisten Teilen Galliens, worüber wir nicht mit Stillschweigen hinweggehen dürfen. Es pflegen nämlich von Nordwesten und Norden so starke und heftige Winde zu wehen, daß sie handgroße Steine vom Boden aufraffen und dichte Staubwolken von Kieseln erregen. Mit rasender Gewalt brausen sie dahin, reißen den Männern Waffen und Kleider vom Leib und stürzen den Reiter vom Pferd. Weil das Klima viel zu kalt ist, so bringt das Land weder Wein noch Öl hervor, und da also den Galliern das Eine wie das Andere fehlt, so bereiten sie sich ein Getränk aus Gerste, das sogenannte Bier. Auch trinken sie das Wasser, mit dem sie die Honigwaben ausgespült haben. Dem Weintrinken sind sie aber übermäßig ergeben und gießen den von den Kaufleuten eingeführten Wein ganz unvermischt hinab; und sie trinken in ihrer Gier so reichlich, daß sie durch Trunkenheit in Schlaf oder in wahnsinnsähnliche Zustände verfallen. Deshalb dient denn der gewöhnlichen Geldgier vieler italischer Kaufleute die gallische Trunkenheit als erwünschtes Bereicherungsmittel. Diese bringen nämlich den Wein teils auf den schiffbaren Flüssen auf Fahrzeugen, teils durch das ebene Land auf Wagen und nehmen dafür einen ganz unglaublichen Wert ein. Für ein Faß Wein erhalten sie nämlich im Austausch einen Sklaven, das heißt, sie geben einen Trunk und erhalten einen Mundschenk dafür.

Überfluß an Gold

27. Silber gibt es in Gallien gar nicht, Gold aber in großer
Menge, und zwar liefert die Natur den Einwohnern dieses
Metall ohne alle Mühe und Bergbau. Da nämlich der Lauf der
Flüsse winkelige Biegungen macht und das Wasser im Anprall
an die vorgeschobenen Berghänge große Stücke derselben ab-
reißt, so führt es vielen goldhaltigen Sand mit sich fort. Diesen
fangen die damit Beschäftigten auf und mahlen ihn oder zer-
stampfen die Schollen, die ihn enthalten; dann lassen sie das
Wasser die erdigen Teile herauswaschen und geben das Übrig-
gebliebene in die Öfen zum Schmelzen. Auf diese Weise gewinnen sie große Massen Gold, das sie dann als Schmuck benutzen, und zwar nicht nur die Frauen, sondern auch die Männer.
Um die Handgelenke und Arme tragen sie Spangen und um
den Nacken dicke Ketten aus massivem Gold, dazu noch ansehnliche Fingerringe und sogar goldene Panzer. Auffallend
und bewundernswert ist, was im oberen Keltenland in den
Götterheiligtümern zu geschehen pflegt. In den Tempeln nämlich und Heiligtümern im Land, die den Göttern geweiht sind,
liegt viel Gold offen umher, das den Göttern als Geschenk
dargebracht wurde, und kein Einheimischer wagt aus Götter-
furcht daran zu rühren, obgleich die Kelten sonst über die
Maßen geldgierig sind.

Aussehen und Sitten

28. Die Gallier sind von hohem Wuchs; ihr Fleisch ist von
Säften strotzend, und die Hautfarbe weiß; das Haar ist nicht
nur schon von Natur aus blond, sondern sie verstärken auch
noch durch ihre künstliche Behandlung diese eigentümliche
Farbe. Sie netzen nämlich die Haare immerfort mit Kalkwas-

ser[1] und streichen es von der Stirn rückwärts zum Scheitel und zum Nacken, so daß ihr Aussehen dem der Satyren und Pane gleicht. Die Haare werden nämlich durch diese Behandlung auch immer dicker, so daß sie sich von einer Pferdemähne nicht mehr unterscheiden. Den Bart scheren einige ganz ab, andere lassen ihn auf mittlere Länge wachsen. Ihre Adligen rasieren sich die Wangen, den Knebelbart dagegen lassen sie lang wachsen, so daß der Mund ganz verdeckt wird. Beim Essen hat daher der Bart mit den Speisen Kontakt, und wenn sie trinken, rinnt das Getränk wie durch ein Sieb. Sie speisen alle sitzend, und zwar nicht auf Schemeln, sondern auf der Erde, auf untergebreiteten Wolfs- oder Hundsfellen. Dabei lassen sie sich von ihren jüngsten Leuten beiderlei Geschlechts bedienen. Nahe dabei steht der Herd mit Feuern und Kesseln und Bratspießen mit großen Fleischstücken. Tapfere Männer ehren sie durch die schönsten Fleischstücke, wie ja auch der Dichter den Ajas von den Helden ehren läßt, dort, wo er den Hektor im Zweikampf besiegt hat[2]:

»Aber den Aïas ehrt er mit lang ausreichendem Rücken.«

Sie laden auch Fremde zu ihren Schmausereien, und nach der Mahlzeit fragen sie, wer sie sind und was sie wollen. Auch geschieht es bei ihren Gastmälern oft, daß sie wegen irgend eines unbedeutenden Anlasses in Wortstreit geraten, der bis zur Herausforderung und zum Zweikampf führt; denn das Sterben achten sie für nichts. Es herrscht bei ihnen nämlich der Glaube des Pythagoras, daß die Seelen der Menschen unsterblich seien und nach einer bestimmten Reihe von Jahren wieder ein neues Leben beginnen, indem die Seele in einen

---

[1] auch mit Seife, vgl. Plinius, Nat. hist. XXVIII, 12.
[2] Homer, Illias VII, 321.

neuen Leib übergeht[3]. Deshalb geschieht es auch, daß bei den
Begräbnissen der Verstorbenen einige an ihre gestorbenen Verwandten geschriebene Briefe in den Scheiterhaufen werfen, so
als ob diese sie lesen würden.

Kampfesweise, Kopfjägerei

29. Auf Reisen und in Schlachten benutzen sie ein Zweigespann. Auf dem Wagen steht außer dem Lenker ein Kämpfer.
Stoßen sie im Gefecht auf Reiter, so schleudern sie zuerst den
Wurfspeer gegen den Feind, springen dann herab und greifen
zum Schwert. Einige von ihnen verachten den Tod so sehr, daß
sie ganz nackt und nur mit einem Hüftschurz in den Kampf
gehen. Sie führen auch Freigeborene als Diener mit sich, die
sie sich aus den armen Leuten aussuchen, um sie in der Schlacht
als Wagenlenker oder Schildträger zu gebrauchen. In der
Schlachtaufstellung pflegen sie vor die Linie zu treten und die
Tapfersten der Gegner zum Zweikampf herauszufordern, indem sie ihre Waffen schwingen, um den Feind zu erschrecken.
Hat einer ihre Herausforderung angenommen, so preisen sie
die Tapferkeit ihrer Vorfahren und rühmen ihre eigenen Taten,
den Gegner aber schmähen und erniedrigen sie und versuchen,
ihm schon vor dem Kampf durch einen Wortschwall den Mut
der Seele zu nehmen. Den gefallenen Feinden hauen sie die
Köpfe ab und hängen sie am Hals ihrer Pferde auf; die blutigen
Waffen aber geben sie ihren Dienern und lassen sie als Beute
einhertragen unter Kriegsgeschrei und Siegesgesang. Diese
Waffenbeute nageln sie dann zu Hause an die Wand, so wie

---

[3] Pythagoras (2. Hälfte des 6. Jahrhunderts v. Chr.) aus Samos, griechischer
Philosoph, gründete in Unteritalien die Schule der Pythagoreer, die sich
danach auch im griechischen Mutterland verbreitete. Pythagoras lehrte die
Seelenwanderung mit den sich aus ihr ergebenden Regeln und Geboten für
die Lebensführung.

Tiere, die man auf der Jagd erlegt hat. Die Köpfe ihrer vornehmsten Feinde balsamieren sie ein und bewahren sie sehr sorgfältig in einer Kiste, und wenn sie solche dann den Fremden zeigen, so rühmen sie sich dabei, wie diesen Kopf einer ihrer Vorfahren oder ihr Vater oder auch sie selbst um vieles Geld nicht hergegeben haben. Ja, einige von ihnen sollen sich sogar gerühmt haben, daß sie für einen solchen Kopf ein gleiches Gewicht in Gold nicht angenommen hätten. Freilich zeigen sie damit eine gewisse Seelengröße, aber nur eine barbarische: denn die Erinnerungszeichen an tapfere Taten nicht um Geld hergeben, ist noch kein Edelmut, aber tierisch ist es, den Kampf gegen Wesen seiner Art noch gegen die Toten fortzusetzen.

Kleidung und Ausrüstung

30. Ihre Art sich zu kleiden ist sehr auffallend: sie tragen nämlich farbige Röcke, die wiederum sehr bunt geblümt sind, und Hosen, die sie *Braken* nennen. Darüber werfen sie gestreifte Mäntel, die mit einer Spange (über der Schulter) befestigt sind, und zwar im Winter von dickem Stoff, im Sommer dünne, vielfach und sehr buntfarbig gewürfelt. Als Waffen führen sie Schilde von Mannshöhe und eigentümlich bunt bemalt. Einige tragen auch solche von guter Arbeit mit hervortretenden Tiergestalten, und zwar nicht nur als Schmuck, sondern auch zu größerer Sicherheit. Den Kopf decken sie durch eherne Helme mit hochragenden Aufsätzen, die ihnen ein sehr großes Aussehen geben. Einige führen nämlich angeschmiedete Hörner, andere die Köpfe von Vögeln oder vierfüßigen Tieren. Ihre Trompeten sind von eigentümlichem und barbarischem Klang. Wenn dieselben geblasen werden, so geben sie einen rauhen und zum Kriegsgetöse stimmenden Schall von sich. Etliche tragen eiserne Ringpanzer, andere wieder haben keinen ande-

ren Panzer als ihre Haut und fechten nackt. Statt unserer
kurzen haben sie sehr lange Schwerter, die an eisernen oder
ehernen Ketten an der rechten Seite herunterhängen. Einige
halten ihr Gewand durch vergoldete oder versilberte Gürtel
zusammen. Sie werfen Speere, die sie Lanzen nennen und
deren Eisen eine Elle[4] lang ist, der Schaft noch länger; sie sind
nicht viel weniger als zwei Hände breit. Ihre Schwerter sind
nicht kürzer als bei anderen die Speere, und die Spitzen ihrer
Speere wieder sind länger als sonst die Schwerter. Diese Speere
sind mal gerade geschmiedet, mal gewunden wie eine Schraube
und mit Auszackungen nach allen Seiten, so daß sie beim
Auftreffen nicht nur in das Fleisch einschneiden, sondern dasselbe förmlich zerreißen und beim Herausziehen die Wunde
nur noch vergrößern.

Veranlagung, Weltanschauung, Menschenopfer

31. Sie selber sind von furchterregendem Aussehen, ihre
Stimme tieftönend und überaus rauh. In Gesprächen machen
sie nicht viele Worte, vielmehr drücken sie sich rätselhaft aus
und deuten vieles nur bildlich und mit halben Worten an;
dagegen sprechen sie viel und überschwenglich, um sich selbst
zu erheben und andere herabzusetzen. Sie drohen gern und
drücken sich hochfahrend und tragisch gespreizt aus. Dabei
besitzen sie einen scharfen Verstand und sind zum Lernen
keineswegs ungeschickt. Es gibt bei ihnen auch Liederdichter,
die sie *Barden* nennen. Dieselben tragen ihre Gesänge unter
Begleitung von Instrumenten vor, die der Lyra ähnlich sind;
und zwar sind dies teils Lobgesänge, teils Schmählieder. Überaus geehrt sind bei ihnen einige Philosophen, die auch der
göttlichen Dinge kundig sind und *Druiden* genannt werden.

---

[4] Entspricht etwa 55-85 cm.

Auch Wahrsager haben sie, denen gleichfalls große Ehre erwiesen wird. Diese weissagen aus dem Vogelflug und aus der Beschauung der Opfertiere, und alles Volk glaubt und gehorcht ihnen. Besonders haben sie für gewisse wichtige Fälle eine höchst auffallende und kaum glaubliche Art, das Zukünftige zu erforschen. Sie weihen nämlich einen Menschen und stoßen ihm dann ein Schwert in die Brust, oberhalb des Zwerchfells, und während das Opfer getroffen zusammenstürzt, erkennen sie aus der Art und Weise, wie es niederfällt, sowie aus den Zuckungen der Glieder und dem Ausströmen des Blutes das Zukünftige, wobei sie einer alten und durch lange Beobachtung erprobten Erfahrung Glauben schenken. Es ist bei ihnen Sitte, überhaupt kein Opfer zu bringen ohne Hinzuziehung eines Philosophen; denn, sagen sie, man müsse seine Dankbezeugungen den Göttern durch solche Männer darbringen, die des göttlichen Wesens kundig seien und gleichsam dessen Sprache verstünden, und durch eben derselben Vermittlung müsse man sich auch das Gute erbitten. Aber nicht nur in Angelegenheiten des Friedens, sondern auch in den Dingen des Kriegs folgen sie meist ihrem Rat sowie den Gesängen ihrer Dichter, und zwar nicht nur die befreundete Partei, sondern auch die feindliche. Oft, wenn schon in der Schlachtaufstellung die beiden Heere gegeneinander anrücken mit gezogenen Schwertern und vorgestreckten Lanzen, treten diese in die Mitte und bringen die Heere dazu, vom Angriff Abstand zu nehmen, gleich als wenn sie durch ihren Gesang wilde Tiere bezauberten. So weicht auch bei den wildesten Barbaren die Leidenschaft der Weisheit, und Ares scheut sich vor den Musen.

Germanische Stämme

32. Es wird von Nutzen sein, hier eine Unterscheidung zu machen, da dieser Sachverhalt den meisten ganz unbekannt

ist. Diejenigen, welche nördlich von Massalia[5] im Landesinne-
ren wohnen, nennt man *Kelten*; diejenigen aber, welche jenseits
dieses eigentlichen Keltenlandes, sowohl gegen Süden hin, als
wie an der Küste des Ozeans und am Herkynischen Walde
ansässig sind, und alle, die noch weiter bis gegen Skythien hin
wohnen, nennt man Gallier[6]. Die Römer hingegen fassen alle
diese Völkerschaften unter einem einzigen Namen zusammen
und nennen sie Gallier. Die Frauen der Gallier stehen nicht
nur in der Körpergröße den Männern nicht nach, sondern
nehmen es auch in der Stärke mit ihnen auf. Die Kinder haben
unmittelbar nach der Geburt meist weißliche Haare, wenn sie
aber älter werden, nimmt das Haar die Farbe an, welche ihre
Väter haben. Die Allerwildesten unter ihnen sind die, welche
weiter im Norden und in der Nachbarschaft des Skythenlandes
wohnen, und einige davon sollen sogar Menschenfresser sein,
wie dies denn auch von denjenigen Brittaniern gesagt wird,
welche das Land *Iris*[7] bewohnen. Da deren Mut und Wildheit
allgemein bekannt ist, sind einige der Meinung, es seien dies
diejenigen, welche in alten Zeiten ganz Asien durchzogen und
damals *Kimmerier* genannt wurden; im Laufe der Zeit habe
sich dies Wort aber in die Benennung *Kimbern* verändert. Und
allerdings setzen diese Völker von jeher eine Ehre darein,
fremdes Land zu überziehen und Beute zu machen und alle
anderen zu verachten; denn diese eben sind es, die Rom eingenommen und das Heiligtum von Delphi ausgeraubt und einen
großen Teil Europas und einen nicht geringen von Asien gebrandschatzt und das Land der Besiegten in Besitz genommen
haben, eben dieselben, die wegen ihrer Vermischung mit
Griechen *Hellenogalater* genannt worden sind und zuletzt noch
viele und große römische Heere vernichtet haben. Zu ihrer

---

[5] Marseille
[6] In Wahrheit sind die zuerst Genannten die Gallier (unter diesen Namen
fielen auch die Germanen) und die zuletzt Genannten die Kelten.
[7] Irland

natürlichen Rohheit passen auch gewisse Opferbräuche, die eigentlich entsetzliche Frevel gegen die Götter sind. Ihre Verbrecher nämlich halten sie fünf Jahre hindurch eingesperrt und spießen sie dann zu Ehren der Götter auf Pfähle und verbrennen sie nebst anderen Opfergaben auf ungeheuren Scheiterhaufen. Auch ihre Kriegsgefangenen schlachten sie den Göttern zu Ehren wie Opfertiere. Einige von ihnen töten auch die im Krieg erbeuteten Tiere zugleich mit den Menschen oder verbrennen sie oder geben ihnen sonst einen qualvollen Tod. Obwohl ihre Weiber ganz wohlgestaltet sind, so halten sie sich doch sehr wenig zu diesen, sondern werden wie durch unsinnige Raserei zur Umarmung des männlichen Geschlechts getrieben. Sie pflegen sich, auf Tierhäuten am Boden liegend, mit ihren Beischläfern rechts und links auf der Erde herumzuwälzen, und was das Unglaubliche von allem ist, sie achten nicht auf ihre eigene Ehre und überlassen ihren Leib bereitwillig anderen, und weit entfernt, hierin eine Schande zu sehen, halten sie es vielmehr für entehrend, wenn einer die angetragene Gunst eines anderen nicht annimmt.

STRABO

Alles, was wir über das Leben Strabos wissen, müssen wir seinem Werk entnehmen. Er wurde 63 v. Chr. im pontischen Amaseia geboren und starb 26 n. Chr. Er hatte mehrere Reisen unternommen, quer durch Kleinasien, nach Korinth in Griechenland, nach Rom, Etrurien und Kampanien und im Jahr 25/24 v. Chr. nach Ägypten, wo er den Nil bis nach Syene (Assuan) und zur Insel Philä hinauf befuhr. Seine historischen Werke sind bis auf Fragmente verloren gegangen, von seinen 17 Büchern zur Geographie jedoch ist fast alles erhalten. Trotz seiner ausgedehnten Reisen hat er den Stoff doch größtenteils anderen Quellen entnommen, die er oft auch ausdrücklich erwähnt. Da Strabo die Geographie als Teil der Philosophie betrachtet, bringt er nicht nur eine reine Beschreibung von Land und Leuten, sondern würzt sein Werk auch mit historischen Fakten, mit mythologischen Erzählungen und kulturgeschichtlichen Beschreibungen. Auf der anderen Seite hat er aber keinerlei Interesse an einer physikalisch exakten Erdkunde, an astronomischen oder geometrisch-mathematischen Erdbestimmungen, wie sie schon vor ihm Eratosthenes (3. Jahrhundert v. Chr.) durchgeführt hat. So gerät seine Darstellung zu einer politischen und kulturellen Geographie.

Geographika I, 10

Kriegsweise der Germanen

... Und ebenso ist der Beweis[1] ihr Krieg gegen Germanen und
Gallier, da die Barbaren in Sümpfen, unzugänglichen Wäldern
und Einöden unter kluger Benutzung des Geländes Krieg führen und für diejenigen, die das Land nicht kennen, das Nahe-
liegende in die Ferne rücken, indem sie die Wege sowie die
Möglichkeiten zur Beschaffung von Lebensmitteln und sonstigen Bedürfnissen verborgen halten.

Geographika II, 102

Über die Kimbern und Teutonen

Poseidonius vermutet, daß auch die Auswanderung der Kimbern und der mit ihnen verwandten Völker aus der Heimat
durch eine Meeresflut verursacht sei, die nicht auf einmal
erfolgte ...

---

[1] Strabo spricht vom Nutzen der Geographia für die Kriegsführung.

Geographika IV, 3-4

Gallien

3. Jenseits des Arar[2] wohnen die Sequaner, seit langer Zeit mit den Römern und Häduern in Fehde; denn oft verbündeten sie sich mit den Germanen auf den Zügen, die diese gegen Italien unternahmen, und entwickelten dabei keine geringe Macht; *mit* ihnen waren die Germanen stark, *ohne* sie schwach.

– Neben den Helvetiern wohnen am Rheinufer die Sequaner und Mediomatriker; bei ihnen ist ein aus der Heimat herübergekommener germanischer Stamm angesiedelt, die Triboccher. – Nächst den Mediomatrikern und Tribocchern wohnen am Rheinufer die Trevirer, bei denen jetzt die römischen Feldherren, die den Befehl im germanischen Krieg haben, die Brücke haben schlagen lassen. Jenseits, diesem Punkt gegenüber, wohnten die Ubier, die Agrippa mit ihrem Willen auf das diesseitige Ufer übersiedelt hat. An die Trevirer grenzen die Nervier, ebenfalls ein germanischer Stamm; zuletzt kommen die Menapier an beiden Seiten der Mündung des Flusses, wo sie ein sumpfiges und waldiges Land bewohnen; die Bewaldung ist dort zwar nicht hoch, aber dicht und dornig. Dort sind die Sugambrer aus Germanien angesiedelt[3]. Gegenüber diesem ganzen Uferstrich wohnen die Germanen, die Sueven[4] genannt werden; diese waren an Macht und Zahl bedeutender als die anderen. Die, die von ihnen verdrängt wurden, flüchteten sich auf das diesseitige Ufer des Rheins. Auch noch andere sind mächtig in anderen Gegenden; und immer wenn der Vorgänger unterliegt, ist stets ein Nachfolger da, der ihm die Fackel des Krieges abnimmt.

[2] die Saone
[3] durch Tiberius
[4] Strabo nennt sie Soeben.

4. Der gesamte Stamm, der jetzt der gallische oder galati-
sche heißt, ist kriegerisch und mutig und rasch zum Kampf
bereit, sonst aber einfach und ohne Falsch; aus diesem Grund
eilen sie, wenn sie gereizt sind, haufenweise zum Kampf, ganz
offen und ohne Vorsicht, so daß denen, die sie bekämpfen
wollen, der Sieg leicht gemacht wird. Denn wer sie auch zum
Krieg herausforderte, gleichgültig wann und wo und aus welchem Grund, fand sie bereit zur Gefahr und mit Kraft und
Mut, sonst mit nichts ausgerüstet. Wenn man ihnen aber zure-
det, so fügen sie sich leicht in das, was ihnen nützt, weshalb
ihnen auch Bildung und Redekunst nicht fremd geblieben ist.
Ihre Macht beruht teils auf ihrer Körpergröße, teils auf ihrer
Menge; leicht aber treten sie, auch in ganzen Massen, zusammen wegen ihrer geraden und selbständigen Gesinnung; denn
sie empfinden es mit, wenn ihnen einer ihrer Nachbarn Unrecht
zu erleiden scheint. Jetzt ist Friede bei ihnen, da sie Sklaven
geworden sind und den Befehlen der Römer, ihrer Besieger,
gehorchen. Diese Nachrichten über sie entnehmen wir jedoch
aus der alten Zeit und aus dem, was sich bis jetzt bei den
Germanen als Brauch erhalten hat. Denn ihrer Natur nach,
wie in ihren Einrichtungen, sind beide Völker sich ähnlich und
verwandt; auch trennt nur der Rhein die von ihnen bewohnten
Länder, die die meisten Eigentümlichkeiten miteinander ge-
mein haben. Germanien liegt aber nördlicher, wenn man Süden
gegen Süden, Norden gegen Norden hält. Daher kommt es,
daß die Germanen sich leicht zu Übersiedlungen entschließen
und in ganzen Scharen und mit voller Heeresmacht aufbrechen
oder vielmehr mit Hab und Gut auswandern, wenn sie von
anderen, Mächtigeren verdrängt werden.

Geographika VII, 1-2

Germanien. Die Goten.

1. Nachdem wir von Spanien und den Völkerschaften Galliens
und Italiens nebst den anliegenden Inseln gesprochen haben,
wäre nun von dem übrigen Teil Europas zu reden. Wir zerlegen
ihn, wie es sich gerade ergibt. Es bleibt aber übrig das östliche
Stück vom Rhein bis an den Tanais[5] und die Mündung des
mäotischen Sees, und das Land zwischen dem adriatischen und
der linken Seite des pontischen Meeres, bis hinunter nach
Griechenland und der Propontis, durch die Donau nach Norden begrenzt. Denn dieser Fluß, der größte in Europa, teilt
das ganze genannte Land beinahe in zwei Hälften, indem er
anfangs südwärts fließt, dann sich von Westen nach Osten dem
pontischen Meer zuwendet. Er hat nämlich seinen Ursprung
auf den westlichen Berghöhen Germaniens, fließt nahe am
Winkel des adriatischen Meeres, in einem Abstand von etwa
tausend Stadien[6], vorbei und ergießt sich in den Pontus, nicht
weit von den Mündungen des Tyras und Borysthenes, mit einer
kleinen Biegung nach Norden. *Nördlich* also von der Donau
liegt das Land jenseits des Rheins und jenseits des keltischen
Landes, das heißt: die gallischen und germanischen Völkerschaften bis zu den Bastarnern, Tyregeten und dem Flusse
Borysthenes; daran schließt sich das Land zwischen diesem
und dem Tanais und der Mündung des mäotischen Sees an,
das sich binnenwärts bis an den Ozean erstreckt und andererseits vom pontischen Meer bespült wird. *Südlich* die illyrischen,
thrakischen und die mit diesen vermischten keltischen oder

---

[5] der Don
[6] Stadion = griechische Maßeinheit, hat je nach Ort unterschiedlichen Wert,
z. B. das olympische Stadion etwa 190 m, das attische etwa 177 m.

sonst fremdartigen Stämme bis nach Griechenland. Zuerst wollen wir von dem Land im Norden der Donau reden, denn es ist in seinen Bestandteilen weit einfacher als das auf der anderen Seite.

Das Land also über die Kelten hinaus, das unmittelbar jenseits des Rheines anfängt und sich nach Osten erstreckt, bewohnen die Germanen, wenig vom keltischen Stamm unterschieden: durch größere Wildheit, größeren Wuchs und größere Blondheit; sonst an Gestalt, an Sitte, an Lebensart ihnen ähnlich, wie wir die Kelten beschrieben haben. Deshalb scheinen mir die Römer ihnen mit Recht diesen ihren Namen gegeben zu haben, gleichsam, um sie als *echte Gallier* zu bezeichnen, denn *echt* heißt in der römischen Sprache *germanus*.

Rhein und germanische Anwohner

Der erste Teil dieses Landes ist der Strich am Rhein, von seiner Quelle bis an die Mündung; ungefähr bezeichnet dieses Uferland im ganzen die Breite Germaniens im Westen. Von den dortigen Stämmen haben die Römer einige nach Gallien übersiedelt; andere sind dem zuvorgekommen und haben ihre Wohnsitze landeinwärts verlegt, wie die Marser; übrig sind nur wenige, darunter ein Teil der Sugambrer. Auf diese Völkerschaften am Fluß folgen die anderen zwischen Rhein und Elbe, die, jenem etwa parallel, zum Ozean strömt und nicht weniger Land durchfließt als er. Dazwischen gibt es noch andere schiffbare Flüsse, die ebenfalls von Süden nach Norden und zum Ozean hinfließen; darunter der Amasias[7], auf der Drusus zu Schiff die Bructerer besiegte. Denn nach Süden hebt sich das Land und bildet einen Bergrücken, der an die Alpen stößt und sich, gewissermaßen wie ein Teil der Alpen, nach Osten zieht;

---

[7] die Ems

wirklich haben ihn auch einige so bezeichnet, der angegebenen
Lage wegen und weil er die gleichen Baumarten hervorbringt;
indessen erhebt er sich nirgends zu der gleichen Höhe. Dort
ist der herkynische Wald; auch die Stämme der Sueven, die
zum Teil innerhalb des Waldes wohnen; auch Bujaemum ist in
jener Gegend, der Königssitz des Marobodus, wohin dieser
noch mehrere andere Völkerschaften, hauptsächlich aber seine
Stammesgenossen, die Markomannen, übersiedelte. Dieser
nämlich, ursprünglich ein Privatmann, verschaffte sich nach
seiner Rückkehr aus Rom die höchste Gewalt; denn dort lebte
er als junger Mann und hatte von Augustus Wohltaten empfangen. Nach seiner Heimkehr begann er, die Herrschaft auszu-
üben, und machte sich, außer den genannten, die Luier, ein
großes Volk, die Zumer, die Gutonen, die Mugilonen, die
Sibiner und selbst eine große Völkerschaft der Sueven, die
Semnonen, untertan. – Doch, wie gesagt, die suevischen Völkerschaften wohnen teils innerhalb des Waldes, teils außerhalb,
den Goten benachbart. Die Größe des Suevenvolkes ist sehr
bedeutend, denn es zieht sich vom Rhein bis an die Elbe hin;
ein Teil besitzt auch jenseits der Elbe Land, wie die Hermon-
dorer und Lankosarger[8]; jetzt haben sich diese ganz und gar
auf das jenseitige Ufer hinübergeflüchtet. Eine gemeinsame
Eigenheit aller Völker dieser Gegend ist, daß sie leicht ihre
Wohnsitze wechseln, wegen der Armut ihrer Lebensweise und
weil sie kein Land bebauen und keine Schätze sammeln, sondern in Hütten leben, nur mit dem Bedarf für einen Tag
versehen; ihre Nahrung gewähren ihnen zum größten Teil die
Herden, wie bei den Nomaden, weshalb sie auch, wie jene,
alle ihre Habe auf Wagen packen und sich mit ihren Herden
hinwenden, wohin es ihnen gefällt. Andere germanische
Stämme sind von geringerer Bedeutung: die Cherusker, Chatten, Gamabrivier, Chattuarier, und am Ozean: die Sugambrer,

---

[8] Gemeint sind wohl die Langobarden.

Chanaver, Bructerer, Kimbern, Kauker, Kaulker, Ampsianer und andere mehr. In gleicher Richtung mit dem Amasias fließt der Bisurgis und der Fluß Lupias, der, vom Rhein etwa sechshundert Stadien entfernt, das Land der *kleineren Bructerer* durchströmt. Auch einen Fluß Salas gibt es da; zwischen ihm und dem Rhein führte Drusus Germanicus siegreich Krieg, als er starb. Er hatte aber nicht nur die Mehrzahl der Völkerschaften unterworfen, sondern auch die Inseln, an denen er vorbeisegelte; darunter die Insel Burchanis, die er durch Belagerung gewann.

Bekannt aber wurden diese Völkerschaften dadurch, daß sie gegen die Römer Krieg führten, dann sich ergaben und wieder abfielen oder auch ihren Wohnsitz verließen; noch mehr Völker würden bekannt geworden sein, wenn Augustus seinen Feldherren erlaubt hätte, über die Elbe zu gehen, um die, die dorthin übersiedelten, zu verfolgen. So aber meinte er, der schwebende Krieg würde leichter zu führen sein, wenn er sich von den friedlichen Stämmen jenseits der Elbe fern hielte und sie nicht zur Teilnahme an den Feindseligkeiten herausforderte. Eröffnet wurde der Krieg von den Sugambrern, nahe am Rhein, unter Melos Anführung[9]; danach führten ihn hie und da bald diese, bald jene fort, bald mächtig, bald vernichtet, bald wieder im Aufruhr, ohne Rücksicht auf Geiseln und Bündnis. Gegen sie war das Mißtrauen von großem Nutzen; die, denen man traute, brachten uns die schwersten Verluste bei, wie die Cherusker und ihre Untertanen, bei denen die drei römischen Legionen mit ihrem Feldherrn Varus Quintilius verräterisch durch einen Hinterhalt vernichtet wurden[10]. Sie büßten aber alle für ihren Frevel; ihnen verdankte der jüngere Germani-

[9] Melo wird von Augustus in seinem Bericht über seine Taten (Res gestae, auch Monumentum Ancyranum) unter den zu ihm geflüchteten und um Schutz flehenden Königen genannt.
[10] 9 n. Chr. in der Varus-Schlacht im Teutoburger Wald durch Arminius.

cus[11] einen glänzenden Triumph, bei welchem die berühmtesten
Feinde, Männer wie Weiber, in eigener Person mit aufgeführt
wurden. Segimuntus, der Sohn des Segestes, Fürst der Cherusker, und seine Schwester, mit Namen Thusnelda, Gattin des
Arminius, der die Cherusker bei dem verräterischen Angriff
auf Varus Quintilius befehligte und noch jetzt den Krieg in
Gang hält; ihr dreijähriger Sohn Thumelicus; außerdem Sesi-
thacus, Sohn des Cheruskerfürsten Segimerus, und sein Weib
Rhamis, Tochter des Chattenfürsten Ucromirus, und der Sugambrer Deudorix, Sohn des Bätorix und Melos Neffe. Segestes aber, Arminius' Schwiegervater, der von Anfang an nicht
seine Ansichten teilte und bei erster Gelegenheit zu uns über-
gelaufen war, sah, selbst hochgeehrt, mit an, wie die, die ihm
die Liebsten waren, den Triumphzug schmückten. Libes, Priester der Chatten, zog ebenfalls mit auf; auch andere Personen
aus den zu Grunde gerichteten Völkerscharen, den Kathylkern
und Ampsianern, den Bructerern, Usipetern, Cheruskern,
Chatten, Chattuariern, Landern, Subattiern, wurden aufgeführt. – Die Entfernung des Rheins von der Elbe beträgt etwa
dreitausend Stadien, wenn jemand den Weg in gerader Richtung zurücklegt; jetzt aber muß man ständig Umwege machen
zwischen Sumpf und Wald.

Der herkynische Wald, ziemlich dicht und voll großer Bäume,
bildet, über steile Höhen ausgedehnt, einen weiten Kreis; in
der Mitte liegt ein Land, das wohl zur Bebauung geeignet ist;
wir haben davon gesprochen. Nahe dabei sind die Quellen der
Donau und des Rheins, der zwischen beiden liegende See und
der Morast, den das Wasser des Rheins bildet. Der See hat
einen Umfang von mehr als dreihundert Stadien bei einem
Durchmesser von beinahe zweihundert. In ihm liegt auch eine

---

[11] Germanicus, der von Tiberius 14 n. Chr. den Oberbefehl über die germanischen Provinzen erhalten hatte, führte 14-16 n. Chr. vier Züge gegen die
Germanen, teils erfolgreich, teils nicht.

Insel, die Tiberius, als er zu Schiff gegen die Windeliker kämpfte, als Operationsbasis benutzte[12]. Dieser See sowohl als der herkynische Wald liegen südlich der Quellen der Donau, so daß, wer aus Gallien in den herkynischen Wald wandert, zuerst über den See, dann über die Donau setzen muß; danach kann er auf weniger schwierigem Terrain seinen Weg über Berghalden fortsetzen. Tiberius sah die Quellen der Donau, als er einen Tag Wegs von dem See vorgerückt war. Es grenzen an diesem See auf einem kleinen Stück des Ufers die Raeter, auf dem größeren die Helvetier, Vindeliker und die Einöde der Bojer. Alle Völkerschaften bis zu den Pannoniern, besonders aber die Helvetier und Vindeliker, bewohnen Berghalden. Die Raeter aber und die Noriker reichen bis auf die Höhen der Alpen und selbst bis nach Italien hinüber, indem jene an die Insubrer, diese an die Karner und die Gegend um Aquileja angrenzen. Es liegt dort noch ein anderer großer Wald, *Gabreta* mit Namen, diesseits von den Sueven; jenseits ist der herkynische Wald; auch er ist im Besitz der Sueven.

Gallisch-germanische Eigentümlichkeiten

2. Von den Kimbern aber sind verschiedene Meinungen in Umlauf, die zum Teil nicht richtig sind, zum Teil nicht geringe Wahrscheinlichkeiten haben. Denn schwerlich möchte man der Ansicht zustimmen, sie seien deshalb unstet und räuberisch herumgezogen, weil sie – Bewohner einer Halbinsel – durch eine große Flut aus ihren Wohnsitzen vertrieben worden waren; denn sie haben noch dasselbe Land inne wie früher und haben an Augustus den heiligsten ihrer heiligen Kessel als Geschenk gesandt mit der Bitte um Freundschaft und Verzeihung für alles frühere, und nach Erreichung ihres Zwecks haben sie Rom

[12] 15 v. Chr.

verlassen. Auch ist es ja lächerlich, daß sie aus Empörung über
eine immer wiederkehrende Naturerscheinung, die zweimal
täglich eintritt, ihr Land verlassen haben sollten. Überdies
ähnelt es einer Fabel, daß jemals eine ungewöhnlich große Flut
eingetreten sein soll; denn Flut und Ebbe bestehen darin, daß
der Ozean in bestimmtem Maß periodisch zu- und abnimmt.
Auch die Angaben sind töricht, daß die Kimbern gegen die
Flut zu den Waffen greifen; daß die Kelten, um sich in Furcht-
losigkeit zu üben, ihre Häuser von den Wogen niederreißen
lassen und dann neu erbauen; daß endlich, wie Ephorus[13] sagt,
das Wasser mehr Verderben über sie bringt als der Krieg. Denn
die Regelmäßigkeit der Fluten und der Umstand, daß man ja
weiß, welches Stück Land überflutet wird, hätte solche Albern-
heiten nicht aufkommen lassen sollen. Denn daß man, da die
Erscheinung täglich zweimal eintritt, auch nicht einmal auf die
Wahrnehmung gekommen sein sollte, daß das Wasser nach dem
Naturgesetz und ohne Gefahr anschwillt und wieder abfließt
und das Phänomen nicht nur das eine bestimmte Volk, sondern
alle Bewohner der Seeküste trifft, wem käme das nicht un-
glaublich vor? Auch Klitarchus hat nicht Recht; er sagt nämlich, die Reiter seien, als sie den Andrang des Meeres sahen,
eiligst fortgeprescht und geflohen, aber nahe daran gewesen,
von den Wogen ereilt zu werden[14]. Denn unserem Wissen nach
ist nie bemerkt worden, daß das Ansteigen so schnell geschah;
sonden das Meer ist stets unmerklich gestiegen und, was jeden
Tag geschieht und allen, die irgendwie in die Nähe kommen,
bevor sie es noch sehen, schon wohlbekannt ist, dürfte doch
wohl schwerlich solche Furcht erregen, daß man deshalb flüch-
tet, als wäre es ein unerhörtes, unerwartetes Ereignis.

---

[13] Ephoros aus Kyme/Kleinasien, um 400 v. Chr., schrieb die erste Universal-
geschichte der Griechen, die großen Einfluß auf die spätere Geschichtsschreibung hatte.
[14] Kleitarchos aus Alexandria, um 300 v. Chr., Verfasser einer nur in Bruch-
stücken erhaltenen Geschichte Alexanders des Großen. Diese Stelle bezieht
sich eventuell auf ein Ereignis am Indischen Ozean.

Die Kimbern und ihre Sitten

Dies macht Posidonius[15] mit Recht den Schriftstellern zum
Vorwurf und stellt eine nicht unzutreffende Vermutung auf: die
Kimbern, ein räuberisches, unstetes Volk, seien auf ihrer Heerfahrt bis an den mäotischen See gekommen, und nach ihnen
sei dem *kimmerischen* Bosporus dieser Name gegeben worden,
sozusagen der *kimbrische,* da die Griechen die Kimbern Kimmerier nannten. Er sagt auch, daß in früherer Zeit die Bojer
den herkynischen Wald bewohnten und die Kimbern, die zu
diesem Ort vorrückten, von ihnen zurückgeschlagen, sich zur
Donau und zu den Skordiskern, einem gallischen Stamm,
wandten; dann seien sie zu den Teuristen und Tauriskern,
ebenfalls Galliern, danach zu den Helvetiern, sehr reichen,
aber friedfertigen Leuten, gezogen. Als aber die Helvetier
sahen, daß der durch Raub erworbene Reichtum den ihrigen
übertraf, haben auch sie, in erster Linie aber die Tiguriner und
Toygener, sich erhoben und seien sogar mit jenen aus ihrem
Land gezogen. Alle zusammen, die Kimbern selbst, wie auch
die, die mit ihnen zogen, wurden von den Römern vernichtet;
jene, als sie über die Alpen nach Italien kamen, diese jenseits
der Alpen[16].

Man erzählt von folgender Sitte der Kimbern. Unter den
Frauen, die sie auf der Heerfahrt begleiteten, waren weissa-
gende Priesterinnen, grau vor Alter, in weißen Gewändern,
darüber Mäntel aus feinstem Leinen und einen ehernen Gürtel,
unbeschuht. Diese traten den Kriegsgefangenen mit Schwertern in der Hand im Lager entgegen, bekränzten sie und führ-

---

[15] Poseidonios aus Apameia/Syrien, ungefähr 135-50 v. Chr., griechischer
Historiker, Naturforscher und Philosoph. Er unternahm ausgedehnte Reisen in die Länder um das westliche Mittelmeer, besuchte auch Rom. Sein
Geschichtswerk in 52 Büchern (das uns nur in wenigen Fragmenten erhalten
ist) behandelt die Zeit von 144 v. Chr. (schließt also an Polybios an) bis
85 v. Chr.

[16] im Jahre 102 und 101 v. Chr.

ten sie an einen ehernen Kessel, der etwa zwanzig Maß faßte.
Dann bestieg eine von ihnen ein kleines Podest und durch-
schnitt, über den Kessel gebeugt, dem Gefangenen, der über
den Rand emporgehoben wurde, die Kehle; aus dem Blut, das
in den Kessel strömte, weissagten sie. Andere schnitten ihm
den Leib auf, durchsuchten die Eingeweide und verkündeten
ihren Leuten den Sieg. Während der Schlachten trommelten
sie auf Fellen, die über die geflochtenen Wagenkörbe gespannt
waren, und machten einen fürchterlichen Lärm.

Grenzländer Germaniens

Von den Germanen wohnen, wie gesagt, die Nordgermanen
entlang des Ozeans. Man kennt sie von der Rheinmündung
bis an die Elbe; die bekanntesten darunter sind die Sugambrer
und Kimbern. Was jenseits der Elbe am Ozean liegt, ist uns
völlig unbekannt. Denn weder hat unseres Wissens nach in
früherer Zeit irgend jemand dort eine Küstenfahrt ostwärts
gemacht, bis an die Mündung des kaspischen Meeres, noch
sind die Römer jenseits der Elbe vorgedrungen; ebensowenig
ist jemand auf dem Landweg dahin gelangt. Daß man aber,
wenn man immer geradeaus nach Osten geht, auf die Gegend
um den Borysthenes und nördlich vom Pontus stoßen muß, ist
klar aus der geographischen Lage und den Parallelabständen.
Wie es aber jenseits Germaniens und bei den dann folgenden
Völkerschaften aussieht, mag man sie nun, wie die meisten
vermuten, als Bastarner bezeichnen oder andere Zwischenvöl-
ker, Jazyger, Roxolaner oder andere Stämme der Wagenbewohner annehmen müssen, ist nicht leicht zu sagen; ebensowenig,
ob sie in ganzer Länge an den Ozean reichen, ob dort ein Stück
Land wegen der Kälte oder anderer Ursachen unbewohnbar
ist, oder ob sich dort ein anderes Volk an sie anschließt und
zwischen dem Meer und den östlichen Germanen wohnt.

Gleiche Unwissenheit herrscht in bezug auf die übrigen, dann
folgenden Teile des Nordens. Denn weder von den Bastarnern,
noch den Sauromaten, noch überhaupt von den Völkern jenseits des Pontus wissen wir, wie weit sie vom atlantischen Meer
entfernt sind oder ob sie an dasselbe heranreichen.

Geographie III, 1-5

Südvölker Germaniens jenseits des Albis. – Goten und Myser

1. Der südliche Teil Germaniens zunächst jenseits des Albis[17]
wird noch jetzt von den Sueven bewohnt. Dann folgt sogleich
das angrenzende Land der Goten, anfangs schmal, in seinem
südlichen Teil längs der Donau sich hinziehend, und auf der
entgegengesetzten Seite längs des Gebirgsstriches des Herkynischen Waldes, aber auch selbst einen Teil der Berge umfassend;
sodann breitet es sich gegen Norden weiter aus bis zu den
Tyrigeten. Die genaueren Grenzen aber können wir nicht ange-
ben. Wegen der Unkenntnis über diese Gegenden hielt man
diejenigen, welche von den Rhipäischen Bergen und Hyperbo-
reern fabelten, für glaubwürdig, sowie alles, was der Massaliote
Pytheas[18] über die Küste des Ozeans gelogen hat, indem er
sich seiner astronomischen und mathematischen Kenntnisse
als Deckmantel bediente. Diese also wollen wir unberück-

---

[17] die Elbe
[18] Pytheas aus Marseille (Massilia), ca. 325 v. Chr., griechischer Forschungs-
reisender im europäischen Norden. Er reiste an der Westküste Spaniens
und Frankreichs entlang und kam bis zu den Shetland- und Orkney-Inseln.
Alle seine Berichte über die Küstenvölker und seine astronomischen Mes-
sungen schrieb er in seinem Werk »Über den Ozean« nieder, das uns
verlorengegangen ist. Obwohl er meistens für einen Lügner gehalten wurde,
scheinen seine Berichte dennoch nach dem, was bei anderen Autoren
überliefert ist, zuverlässig zu sein.

sichtig lassen. Aber auch das, was Sophokles[19] als
Trauerspieldichter von der Orithya[20] fabelt, indem er sagt,
sie sei, vom Boreas geraubt, hingeführt worden über

> Den ganzen Meeresspiegel hin, zum Erdenrand,
> Zum Quell der Urnacht, wo die Wölbung des Himmels schließt
> Und Phoibos' alter Garten liegt,

würde für unseren jetzigen Zweck nichts nützen, sondern wir
lassen es auch beiseite, wie es auch Sokrates im »Phädrus« tut.
Was wir aber sowohl aus der alten, als aus der jetzigen Geschichte überliefert haben, das wollen wir berichten.

2. Die Griechen nämlich hielten die Goten für Thraker. Es
wohnten sowohl diese auf beiden Ufern der Donau wie auch
die Mysier, die ebenfalls Thraker sind und jetzt Mösier heißen,
von denen auch die jetzt zwischen den Lydiern, Phrygiern und
Troern wohnenden Mysier abstammen. Auch die Phrygier
selbst sind Brigier, ein thrakisches Volk, wie auch die Mygdo-
nen, Bebryker, Mädobithynier, Bithynier und Thynier, ich
glaube sogar auch die Mariandyner. Diese alle nun haben
Europa gänzlich verlassen; die Mysier aber sind zurückgeblieben. Und Posidonius scheint mir mit Recht zu vermuten, daß
Homer die Mysier in Europa (ich meine aber jene in Thrakien)
bezeichnet, wenn er sagt[21]:

> ... und er wandte zurück die strahlenden Augen,
> Seitwärts hin auf das Land rossetummelnder Thrakier schauend
> Und nahkämpfender Myser.

Wollte man nämlich die Mysier in Asien darunter verstehen,
so würde die Rede unpassend sein. Denn von den Troern den

---

[19] Sophokles aus Athen, 496–406 v. Chr., der zweite der drei großen attischen
Tragiker.
[20] Die Winde gelten als Söhne von Astraios und Eos, der Göttin der Morgen-
röte. Der Nordwind, Boreas, soll die athenische Königstochter Oreithyia
am Ufer des Ilissos überrascht und in seine Heimat Thrakien entführt
haben.
[21] Homer, Ilias 13, 3.

Blick auf das Land der Thraker wenden und mit diesem zugleich das Land der Mysier erwähnen, die nicht fern, sondern
Grenznachbarn der Troas sind und hinter demselben und auf
beiden Seiten davon wohnen, von Thrakien aber durch den
breiten Hellespontus getrennt sind, das hieße die Weltteile
durcheinander werfen und zugleich den Ausdruck nicht beach-
ten. Denn das »zurückwenden« heißt (hier) ganz gewiß »hinter
sich wenden«; wer aber seinen Blick von den Troern auf die
nicht hinter ihnen oder seitwärts Wohnenden wendet, der wirft
ihn zwar weiter vorwärts, aber keineswegs hinter sich. Auch
was weiter folgt, ist ein Zeugnis für ebendieselbe Ansicht, daß
er ihnen nämlich die Rossemelker, Milchesser und Habelosen
beifügt, welche die auf Wagen wohnenden Skythen und Sarmaten sind. Denn noch jetzt sind diese Völker und die bastarni-
schen mit den Thrakern vermischt, mehr zwar mit denen jenseits der Donau, aber doch auch mit den diesseitigen, und mit
diesen auch die keltischen Völker der Bojer, Skordisker und
und Taurisker. Die Skordisker aber nennen einige Skordisten,
und die Taurisker heißen auch Teurisker und Tauristen.

3. Posidonius berichtet, die Mysier enthielten sich auch aus
Frömmigkeit alles Lebendigen, folglich auch des Zuchtviehs,
und genössen, in Ruhe lebend, nur Honig, Milch uand Käse,
und deshalb hießen sie gottesfürchtige und Kapno'batä[22]; es
gäbe auch einige Thraker, die ohne Weiber lebten und Kti'stä
genannt würden, aus Verehrung für heilig gälten und in gefahr-
loser Sicherheit lebten. Alle diese zusammen nun nenne der
Dichter:

> ... verehrliche Rossemelker
> Und Milchesser und Habelose, die rechtlichsten Menschen[23].

---

[22] Sowohl dieser Name Καπνοβάται wie auch der folgende Κτίσται sind
wahrscheinlich in griechische Form gebrachte ausländische Bezeichnungen,
deren Bedeutung wir nicht kennen.
[23] Homer, Ilias 13, 5.

A'bier (»Habelose«) aber nenne er sie besonders deshalb, weil
sie ohne Weiber leben, indem er das ehelose Leben gewissermaßen nur für ein halbes Leben halte[24], wie er auch das Haus
des Protesilaus ein halbständiges nenne[25], weil er Witwer war.
»Nahkämpfende« aber hießen ihm die Mysier, weil sie unbesiegbar und überhaupt tapfere Krieger wären. Übrigens müsse
man im dreizehnten Gesange statt »Und nahkämpfender Myser« schreiben: »Und nahkämpfender Möser«.

4. Zuerst nun ist es wohl überflüssig, die so viele Jahre lang
gegoltene Lesart zu ändern; denn viel wahrscheinlicher ist es,
daß sie zwar anfangs Mysier hießen, (später) aber ihr Name
in den jetzigen umgewandelt wurde. Die Abier aber wird man
nicht sowohl für Ehelose, als für Herdlose und Wagenbewohner
nehmen. Denn da die meisten Vergehen im Handelsverkehr
und Gelderwerb vorkommen, so war es vernünftig, die so von
wenigem einfach Lebenden die Rechtlichsten zu nennen; da
auch die Philosophen, welche die Gerechtigkeit zunächst neben die Enthaltsamkeit setzen, der Genügsamkeit und Einfach-
heit vorzüglich nachstreben; weshalb auch Übertreibungen
einige sogar zum Zynismus verleiteten. Das Leben ohne Weiber aber veranlaßt zu keiner solchen Vorstellung[26], am wenig-
sten bei den Thrakern und unter ihnen bei den Goten. Siehe
nur, was Menander, wahrscheinlich nicht dichtend, sondern
aus der Geschichte schöpfend, von ihnen sagt:

> Die Thraker alle, wir jedoch zu allermeist,
> Wir Goten (denn ich selber rühme mich dem Stamm
> Der Goten anzugehören) sind in Sittlichkeit
> Nicht eben Muster.

---

[24] Poseidonios nahm also das Wort ἄβιος in seiner ursprünglichen Bedeutung ›leblos‹, während Homer dabei nur an die Bedeutung ›arm, habelos‹
dachte.

[25] Homer, Ilias 2, 701. Protesilaos führte 40 griechische Schiffe gegen
Troja und wurde als erster Grieche, als er an Land sprang, von Hektor
getötet.

[26] Nämlich daß sie die rechtschaffendsten Menschen wären.

Und etwas weiter unten liefert er Beweise ihrer Unenthaltsamkeit in bezug auf Frauen:

> Denn keiner von uns heiratet, ohne daß er zehn,
> Elf oder ein Dutzend Frauen nimmt, manchmal noch mehr.
> Stirbt einer, dessen Frauenzahl nur vier beträgt
> Oder fünf, so heißt er dortzuland ein armer Wicht,
> Der ohne Brautlust, ohne Hochzeitstanz verschied.

Dieses wird nun zwar auch von den übrigen bestätigt; nur es ist unwahrscheinlich, daß dieselben Leute ein Leben ohne viele Frauen für elend und zugleich einen ohne Frauen Lebenden für ehrwürdig und gerecht halten sollten. Die der Frauen sich Enthaltenden aber sogar für Gottesfürchtige und Kapnobatä zu halten, widerspricht durchaus den allgemeinen Begriffen. Denn alle finden in den Frauen die Urheberinnen der Gottesfurcht; diese aber fordern auch die Männer zu eifrigerer Gottesverehrung, zu Festen und Gebeten auf; selten aber wird ein für sich lebender Mann für so gottesfürchtig gehalten. Siehe nun wieder, was derselbe Dichter sagt, indem er einen aufführt, der sich über den Aufwand der Frauen bei Opferfesten beklagt und so spricht:

> . . . Zugrunde richten, ach, die Götter uns,
> Vor allen uns Beweibte; denn beständig gibt's
> Ein wichtig Fest zu feiern!

Und einen Frauenhasser, der sich eben darüber beschwert:

> Denn wohl an die fünfmal opferten wir im Lauf des Tags;
> Ein Chor von sieben Dienerinnen zimbelte,
> Indes die andern johlten.

Die Behauptung also, daß unter den Goten gerade die Frauenlosen für gottesfürchtig gehalten würden, zeigt etwas Widersinniges; daß aber bei diesem Volk ein großer Eifer für Gottesverehrung herrschte, ist sowohl nach dem, was Posidonius sagt, als nach der übrigen Geschichtskunde nicht zu bezweifeln.

5. Man erzählt nämlich, daß ein Gote namens Zamolxis bei Pythagoras gedient und sowohl von ihm als von den Ägyptern, bis zu denen er auf seinen Wanderungen auch geraten war, manches aus der Himmelskunde gelernt habe. In die Heimat zurückgekehrt aber habe er als Ausleger der Vorbedeutungen bei den Fürsten und dem Volk in großem Ansehen gestanden und zuletzt den König beredet, ihn als einen Mann, der geschickt sei, den Willen der Götter zu verkünden, zum Teilnehmer an der Regierung zu machen. Anfangs nun, sagt man, wurde er zum Priester des bei ihnen verehrtesten Gottes bestellt, später aber selbst für einen Gott erklärt, und nun wählte er sich eine allen anderen unzugängliche Höhlengegend und hielt sich daselbst auf, selten mit der Außenwelt verkehrend, außer mit dem König und dessen Dienern. Der König aber unterstützte ihn, weil er sah, daß ihm die Leute jetzt viel mehr gehorchten als früher, in der Meinung, daß er seine Befehle nach dem Rat der Götter erlasse. Diese Sitte nun hat bis auf unsere Zeit herab bestanden, indem sich immer ein Mann von solcher Eigenschaft vorfand, der dem König als Ratgeber diente, von den Goten aber ein Gott genannt wurde. Auch der Berg[27] wurde für heilig gehalten und der heilige genannt. Sein eigentlicher Name aber war gleich dem des vorbeifließenden Flusses Kogäonum[28]. Selbst als Byrebistas die Goten beherrschte, gegen den der göttliche Caesar schon einen Feldzug vorbereitete, hatte Decäneus noch diese Würde, und vielleicht hat sich auch die pythagoreische Sitte, sich alles Lebendigen zu enthalten, als eine vom Zamolxis eingeführte erhalten.

---

[27] In dessen Höhlen der angeblich göttliche Ratgeber des Königs lebte.
[28] Vermutlich der heutige Berg und Fluß Gogany bei Mika.

FLAVIUS JOSEPHUS

Flavius Josephus, jüdischer Historiker, wurde 37 n. Chr. in Jerusalem geboren und starb um das Jahr 95 n. Chr. in Rom. Er stammte aus einem jüdischen Priestergeschlecht. Bei dem Aufstand der Juden gegen die römische Oberherrschaft (in den Jahren 66-70 n. Chr.) war er jüdischer Feldherr in Galiläa, wurde jedoch schon 67 n. Chr. gefangen genommen. Von Vespasian freigelassen, nahm er als dessen Günstling an der Eroberung Jerusalems teil und folgte ihm später nach Rom.

Als Geschichtsschreiber verfaßte er sieben Bücher über den Jüdischen Krieg und eine Jüdische Geschichte, die von Anbeginn der Welt bis Nero reichte.

Einige wenige Stellen dieser Bücher beschäftigen sich mit Germanen; am wichtigsten sind wohl die kurzen Stellen, die zeigen, daß um die Zeitenwende Germanen sogar in Jerusalem fremde Dienste taten.

Der Jüdische Krieg I, 33, 9

Tod des Herodes 4. v. Chr.

Archelaos wurde unter lauten Zuruf beglückwünscht. Truppenweise zogen die Soldaten und das Volk an ihm vorbei, gelobten ihm Treue und flehten Gottes Gnade auf ihn herab. Hierauf traf man Anstalten, den König beizusetzen ... Das Tragbett umgaben die Söhne und die übrigen zahlreichen Verwandten des Königs; dann folgten die Soldaten der Leibwache, die thrakische Abteilung, die Germanen und die Galater, alle wie zum Krieg gerüstet ... So zog man mit dem Leichnam 200 Stadien weit nach Herodium, wo er dem Befehl des Verstorbenen gemäß beigesetzt wurde. Das war das Ende des Herodes.

Der Jüdische Krieg II, 16, 4

König Agrippa II. über die Germanen

Wenn ich sähe, daß ihr alle auf Krieg mit den Römern drängt, und nicht vielmehr überzeugt wäre, daß der lauterste und edelste Teil des Volkes entschlossen ist, Frieden zu halten, würde ich nicht vor euch hintreten und euch meinen Rat anzubieten wagen ... Wer unter euch hat nicht von dem zahlreichen Volk der Germanen gehört? Ihre Stärke und Größe habt ihr schon oft Gelegenheit gehabt zu sehen, da die Römer überall Angehörige dieser Nation als Kriegsgefangene haben. Sie bewohnen ein ungeheures Gebiet, und noch größer als ihre Körperkraft ist ihr Stolz. Ihr Mut verachtet den Tod, und ihre

Gemütsart ist heftiger als die der wildesten Tiere. Und doch ist der Rhein die Grenze ihrer Angriffe; von acht römischen Legionen bezwungen, werden sie als Gefangene zu Sklavendiensten verwendet, und die Masse des Volkes sucht ihr Heil in der Flucht.

Der Jüdische Krieg VII, 4, 2

Bataveraufstand 69-70 n. Chr.

Einige Zeit vorher, als Vespasian noch im Gebiet von Alexandrien weilte und Titus Jerusalem belagerte, wurde ein großer Teil der Germanen von einer Aufstandsbewegung ergriffen. Mit ihnen machten auch die benachbarten Gallier gemeinsame Sache; sie gaben sich den größten Hoffnungen hin, die römische Zwangsherrschaft von sich abschütteln zu können. Der Grund dafür, daß die Germanen sich auf den Abfall einließen und den Krieg anfingen, liegt zunächst in ihrer Natur, daß sie sich, vernünftigen Ratschlägen unzugänglich, mit dem kleinsten Hoffnungsschimmer in die größten Gefahren stürzen. Dazu kam noch der Haß gegen ihre Unterdrücker, da sie wußten, daß ihr Volk nur durch die Römer zur Unfreiheit gezwungen worden war. Am meisten machte ihnen aber die allgemeine Lage Mut. Sie sahen, daß das römische Reich durch den ständigen Wechsel der Herrscher innerlich erschüttert war, und erfuhren, daß jeder Teil der römischen Welt unsicher und schwankend sei. Darum glaubten sie, daß wegen des Unglücks und der Uneinigkeit der Römer dieser Augenblick für sie der günstigste sei[1]. Zwei Männer betrieben den Plan und täuschten

---

[1] Bereits im Vorwort 1,4 deutete Josephus an, daß es neben Judäa noch andere Unruheherde im römischen Reich gegeben hat. Die im 7. Buch geschilderten Unruhen in Antiochien § 41-62, in Germanien § 75-88 und bei den Sarmaten

mit diesen Hoffnungen die Germanen, ein gewisser Classicus und ein Vitillus[2], die bei ihnen Anführer waren. Sie arbeiteten offenbar schon eine ganze Zeit auf diesen Umsturz hin; die Gelegenheit gab ihnen größere Zuversicht, und sie ließen ihren Plan bekannt werden. Sie hatten vor, mit den ihnen wohlgesonnenen Völkern den Versuch zu wagen. Ein großer Teil der Germanen hatte sich bereits dem Abfall angeschlossen, und die übrigen hatten es kaum anders im Sinn, da schickte Vespasian wie auf einen Wink der Vorsehung hin dem früheren Statthalter Germaniens, Ventidius Cercalius[3], ein Schreiben, worin er ihm die Konsulwürde verlieh und ihn die Verwaltung Britanniens übernehmen ließ. Auf dem Weg zu seinem Bestimmungsort erfuhr dieser vom Abfall der Germanen, und da diese sich bereits gesammelt hatten, überfiel er sie, vernichtete eine große Menge von ihnen auf dem Schlachtfeld und zwang sie, mit ihrem Wahnsinn aufzuhören und Vernunft anzunehmen. Aber selbst wenn Cerealius nicht so schnell an Ort und

---

§ 89-95 haben nach Josephus ihren Grund in der Unfähigkeit und Feigheit der Vorgänger des Vespasian (§ 67, 79). In diesem Zusammenhang muß man auch den jüdischen Krieg sehen. Für Josephus sind die Unruhen im römischen Imperium eine Gefährdung, wie sie jedes Volk trifft.

Bei dem von Josephus hier geschilderten Germanenaufstand handelt es sich, wie der Vergleich mit Tacitus hist. 4 zeigt, um einen Aufruhr, der von den Batavern ausging. Die Bataver, ein an der Mündung des Rheins ansässiger Volksstamm, hatten vorher nie einen Aufstand unternommen, sondern den Römern sogar Hilfstruppen zur Verfügung gestellt. Ihre Anführer waren Julius Civilis und Claudius Paulus. Der zuletzt Genannte wurde von dem Statthalter Niedergermaniens, Fontejus Capito, hingerichtet, worauf Julius Civilis den Aufstand begann. Die Bataver waren zunächst erfolgreich, aus diesem Grund schlossen sich ihnen andere germanische und gallische Stämme an. Mucian, der legitime Vertreter der Flavier in Rom, beauftragte daher die beiden Offiziere Gallus Annius und Petilius Cerealis mit der Leitung des Krieges. Nachdem in der Nähe von Trier die unter Classicus mit den Germanen verbündeten Gallier geschlagen wurden, konnte Petilius Cerealis durch einen Sieg über Civilis bei Xanten den Krieg beenden.

[2] Nach dem Bericht aus den Historien des Tacitus 4 kann es sich nur um Civilis handeln. Es ist kaum zu erwarten, daß es einen germanischen Führer namens Vitillus gegeben hat, den Tacitus nicht erwähnt hätte.

[3] Der historisch korrekte Name ist Petilius Cerealis.

Stelle erschienen wäre, wären die Aufständischen nicht viel
später bestraft worden. Denn als die erste Nachricht von ihrem
Aufstand nach Rom kam und der Caesar Domitian davon
hörte, da zögerte er nicht, wie ein anderer seines Alters – denn
er war noch ziemlich jung – eine solche Aufgabe auf sich zu
nehmen. Mit dem von seinem Vater ererbten Mut und entspre-
chend der für sein Alter überragenden soldatischen Erfahrung
brach er sofort gegen die Barbaren auf. Schon auf das Gerücht
seines Anmarsches hin wurden die Aufständischen veranlaßt,
sich ihm zu unterwerfen; dank ihrer Furcht hielten sie es noch
für einen großen Gewinn, ohne weiteres Unheil wieder unter
das alte Joch gebeugt zu werden. Nachdem nun Domitian in
Gallien alles wieder in Ordnung gebracht hatte, so daß das
Land nicht noch einmal so leicht in Unruhe geraten konnte,
kehrte er nach Rom zurück, glänzend und allgemein bewundert
wegen der Leistungen, die man in seinem Alter noch nicht
erwartet hätte und die eines so großen Vaters würdig waren[4].

Jüdische Altertümer 17, 8, 3

Germanische Söldner des Herodes

3. Alsdann bereitete man dem König das Leichenbegängnis,
das Archelaus mit verschwenderischer Pracht ausstattete. Herodes wurde auf einem goldenen, mit vielen kostbaren Edelstei-
nen verzierten Tragbett zu Grabe getragen, dessen Decke pur-
purn glänzte, und auch der Leichnam selbst war mit dem

---

[4] Bei diesem Bericht des Josephus handelt es sich um eine legendäre Bearbei-
tung der Fakten. Tacitus berichtet wesentlich glaubwürdiger, daß der Zug
Domitians nach Germanien nichts zur Unterwerfung der Aufständischen
beitrug, da Domitian und sein Befehlshaber Mucian noch vor der Überquerung der Alpen vom Sieg des Petilius Cerealis erfuhren.

Königspurpur bekleidet. Auf dem Haupt war ein Diadem mit überragender Krone von Gold, und die Rechte hielt das Szepter. Das Tragbett umgaben die Söhne des Königs und die große Menge seiner Verwandten, an die sich die nach Völkern abgeteilten und mit deren Namen bezeichneten Soldaten anschlossen, und zwar in folgender Ordnung. Zuerst schritt die Leibwache, dann folgten der Reihe nach die Thraker, Germanen und Gallier, alle in voller Rüstung, und hieran schlossen sich die übrigen Krieger mit ihren Führern und Hauptleuten, wie zur Schlacht gerüstet. Den Schluß bildeten fünfhundert Diener, welche Spezereien trugen. So bewegte sich der Zug acht Stadien weit bis nach Herodium, wo der König seinem Befehl gemäß beigesetzt wurde. Dies war das Ende des Herodes[5].

Jüdische Altertümer 19, 1, 15-18

Caligulas germanische Leibwache

15. So lag denn Gajus, mit Wunden bedeckt, tot am Boden. Chaerea und seine Genossen sahen übrigens nach vollbrachter Mordtat wohl ein, daß sie unmöglich auf dem Weg, den sie gekommen, unbehelligt zurückkehren konnten. Das Geschehene flößte ihnen doch Entsetzen ein, denn es war keine Kleinigkeit, einen Caesar getötet zu haben, der dem unvernünftigen Pöbel immerhin lieb und angenehm war und den die Soldaten sicherlich blutig zu rächen suchen würden. Zudem war der Gang, auf dem der Mord geschehen war, sehr eng und von zahlreicher Dienerschaft sowie von Soldaten der Palastwache besetzt. Die Verschwörer schlugen daher einen anderen Weg ein und begaben sich in die Wohnung des Germanicus,

[5] 4. v. Chr.

dessen Sohn der ermordete Gajus war. Diese Wohnung war mit dem Palast verbunden, der ein einziges Gebäude bildete und von den einzelnen Herrschern immer erweitert worden war. Aus diesem Grund führte er auch verschiedene Namen, entweder nach dem, der einen Teil des Gebäudes fertiggestellt, oder nach dem, der einen anderen zu bauen angefangen hatte. Bald waren also die Verschwörer dem Gewühl entkommen und für den Augenblick in Sicherheit, weil die Ermordung des Caesars noch nicht bekannt war. Die Germanen waren die ersten, die von Gajus' Ende erfuhren. Es waren dies die Soldaten der Leibwache, die den Namen des Volkes führten, aus dem die keltische Legion genommen war. Diese Germanen neigen sehr zum Jähzorn und gleichen darin anderen barbarischen Völkern, die wenig Überlegung bei ihren Handlungen beweisen, aber kräftig dreinhauen und deshalb gern zum ersten Angriff verwendet werden, wobei sie so gut wie immer siegreich sind. Als die Germanen nun von der Ermordung des Gajus hörten, erzürnten sie gewaltig, nicht so sehr aus Liebe zum Caesar, als vielmehr in ihrem eigenen Interesse, da Gajus ihr Wohlwollen mit reichen Geschenken zu erkaufen pflegte. Mit gezückten Schwertern stürmten sie daher durchs Haus und suchten nach den Mördern des Caesars unter Anführung des Tribunen Sabinus[6], der nicht durch seine oder seiner Vorfahren Tüchtigkeit (er war Gladiator gewesen), sondern durch seine Körperkraft zu dieser Befehlshaberstelle gelangt war. Zuerst nun stießen sie auf Asprenas, dessen Toga, wie schon oben erwähnt, mit dem Blut des Opfertieres bespritzt und ihm so zu böser Vorbedeutung geworden war, und hieben ihn in Stücke. Alsdann begegnete ihnen Norbanus, einer der vornehmsten Bürger, der zu seinen Vorfahren viele Feldherren zählte; dennoch vermochte seine Würde den Ergrimmten keine

---

[6] Nach Sueton, Caligula 55 wahrscheinlich kein Germane, sondern ein Thraker.

Scheu einzuflößen. Weil er aber eine ansehnliche Körperstärke besaß, griff er den ersten Soldaten, der ihm entgegentrat, an, entwand ihm sein Schwert und schien sein Leben teuer verkaufen zu wollen, bis er endlich, von der Überzahl erdrückt und mit Wunden bedeckt, starb. Als dritter fiel ihnen Antejus in die Hände, ein Mann vom Rang eines Senators, der mit einigen Begleitern nicht zufällig, wie die beiden anderen, sondern aus Neugier und um durch den Anblick des ermordeten Gajus seinen Haß zu befriedigen, daherkam. Gajus nämlich hatte den Vater des Antejus, der denselben Namen wie sein Sohn führte, in die Verbannung geschickt und, hiermit nicht zufrieden, auch noch Soldaten beauftragt, ihn zu töten. Antejus wollte sich also am Anblick der Leiche des Caesars weiden, aber obgleich er bei der allgemeinen Verwirrung versuchte, sich zu verstecken, entging er der Wut der Germanen nicht, die alle Winkel durchstöberten und Schuldige wie Unschuldige mit gleicher Erbitterung umbrachten. So kamen diese Männer ums Leben.

16. Als nun das Gerücht von Gajus' Ermordung ins Theater drang, bemächtigte sich Entsetzen der gesamten Volksmenge, die an die Wahrheit der Nachricht kaum glauben wollte. Die einen hörten zwar die Nachricht mit Freuden und hätten wer weiß was darum gegeben, wenn sie so glücklich gewesen wären, waren aber zu furchtsam, um daran zu glauben. Andere dagegen wollten die Nachricht überhaupt nicht für wahr halten, da sie dem Caesar ein solches Unglück nicht wünschten und auch die Tat als für menschliche Kräfte unausführbar erachteten. Das waren aber nur die Frauen, die jungen Leute, die Sklaven und allenfalls auch einige Soldaten. Die letzteren, die vom Caesar ihren Sold erhielten und seiner tyrannischen Grausamkeit gedient hatten, waren durch die Hinrichtung aller edeldenkenden Bürger zu Ansehen und Reichtum gelangt. Die Frauen und jungen Leute aber waren, wie das stets der Fall ist, für die Schauspiele, Gladiatorenkämpfe und blutigen Szenen ganz

gewaltig eingenommen. Geschah doch das alles dem Namen
nach zur Ergötzung des Volkes, obgleich es in der Tat zur
Befriedigung der sinnlosen Grausamkeit des Caesars diente.
Und was die Sklaven angeht, so hatten sie die Freiheit erhalten,
ihre Herren anzuklagen, und fanden bei allen gegen dieselben
gerichteten Beschuldigungen am Caesar ihren Rückhalt. So
war es ihnen ein leichtes, für eine gänzlich erfundene Verleum-
dung gegen ihre Herren Glauben zu finden, und wenn sie
deren Reichtum verrieten, erlangten sie nicht nur die Freiheit,
sondern auch ein schönes Stück Geld als Denunziantenlohn,
da ihnen für die Anzeige der achte Teil des Vermögens zugesi-
chert war. Die Patrizier endlich hielten das Gerücht für glaubwürdig, da sie teils von dem Mordanschlag wußten, teils des
Gajus Tod von Herzen wünschten. Gleichwohl konnten sie
nicht nur ihre Freude verbergen, sondern stellten sich auch,
als hätten sie überhaupt nichts gehört. Die einen nämlich
fürchteten, sie möchten sich getäuscht haben und bestraft werden, weil sie ihre wahre Gesinnung zu früh bekannt hätten;
andere, die als Mitverschworene in die Sache eingeweiht waren, hatten um so mehr Grund, ihre Meinung zurückzuhalten;
wieder andere endlich kannten die übrigen Verschworenen
nicht und mußten daher befürchten, wenn sie an jemanden ein
Wort richteten, der an dem Fortbestand der Tyrannei Interesse
habe, verraten und hingerichtet zu werden, falls Gajus noch
lebe. Wirklich besagte auch ein anderes Gerücht, Gajus sei
zwar verwundet, aber nicht tot, und befinde sich in ärztlicher
Behandlung. Niemand aber gab es, dem man seine Meinung
hätte anvertrauen können. War nämlich jemand des Gajus
Freund, so traute man ihm nicht, weil er auf seiten des Tyran-
nen stand; haßte er ihn aber, so schenkte man eben um dieses
Hasses willen seinen Worten keinen Glauben. Ein drittes Gerücht endlich, das den Patriziern alle Hoffnung nahm, besagte,
Gajus sei trotz der Gefahr und ohne auf seine Wunden Rücksicht zu nehmen, blutüberströmt aufs Forum gekommen und

rede dort zum Volk. Das war aber nichts als eine leere Erfindung solcher Menschen, die Unruhe stiften wollten und jedermann das sagten, was er gern hörte. Niemand aber verließ seinen Sitz, um nicht beim Hinausgehen falsch angeklagt zu werden. Denn es war vorauszusehen, daß jeder, der das Theater verließ, nicht nach seiner wirklichen Gesinnung, sondern nur nach der Willkür der Denunzianten und Richter beurteilt werden würde.

17. Als nun die Schar der Germanen mit gezückten Schwertern das Theater umzingelte, fingen sämtliche Zuschauer an, um ihr Leben zu fürchten, erzitterten bei dem Eintritt eines jeden Soldaten, als sollten sie schon niedergemetzelt werden, und verloren völlig den Kopf, indem sie weder das Theater zu verlassen wagten, noch hoffen konnten, bei längerem Verweilen in demselben unbehelligt zu bleiben. Als die Soldaten nun sämtlich eindrangen, hallte das Theater von dem Geschrei der Zuschauer wider, die den Germanen auf den Knien versicherten, sie wüßten weder etwas von einem beabsichtigten Aufruhr, falls man einen solchen wirklich geplant habe, noch von dem, was geschehen sei. Man solle sie also schonen und sie nicht für fremde Schuld büßen lassen, sondern ihnen gestatten, die Urheber dessen, was sich eventuell zugetragen habe, ausfindig zu machen. In dieser und ähnlicher Weise jammerte man und rief wehklagend und schluchzend die Götter an, wie die drohende Gefahr es jemandem eingab und wie man nur am Rande des Verderbens flehen konnte. Das brach denn auch die Erbitterung der Soldaten, und ihr Vorhaben gegen die Zuschauer fing an, sie zu reuen. In der Tat wäre das ja ein grausames Verfahren gewesen, und nicht anders erschien es jetzt auch den aufgebrachten Soldaten, nachdem sie die Köpfe der mit Asprenas Gefallenen auf dem Altar aufgestellt hatten. Bei diesem Anblick aber gerieten die Zuschauer in noch größere Aufregung, weil sie an den hohen Rang der Ermordeten dachten und Mitleid mit ihrem Geschick hatten, dann aber auch, weil

ihnen aufs neue ihre eigene angstvolle Lage zu Bewußtsein kam, aus der es augenscheinlich kein Entrinnen mehr gab. So kam es, daß auch denen, die alle Ursache hatten, Gajus zu hassen, die Freude über seinen Tod gründlich verdorben wurde, weil sie jetzt selbst in Lebensgefahr schwebten und nirgends ihnen ein Rettungsschimmer leuchtete.

18. Dieser Ungewißheit machte der mit gewaltiger Stimme begabte Ausrufer Evaristus Arruntius ein Ende, der einer der reichsten Römer war und sowohl damals als auch später noch einen bedeutenden Einfluß in einigen Angelegenheiten besaß. Obgleich dieser Mann den Gajus mehr als alle anderen haßte, so hielt er doch, anstatt Freude über das Vorgefallene zu bezeugen, es für ratsamer, mit schlauer Vorsicht aufzutreten, wie die Furcht und die unsichere Lage dies gebot. Er gab sich daher ein so klägliches Aussehen wie möglich, legte Trauerkleider an, wie es bei dem Verlust der teuersten Angehörigen Sitte ist, begab sich ins Theater und verkündete dort den Tod des Gajus, womit sich dann endlich die allgemeine Spannung löste. Bald erschien auch Paulus Arruntius, der die Soldaten zurückrief, und mit ihm kamen die Tribunen, welche die Schwerter einzustecken befahlen und ebenfalls Mitteilung vom Tod des Caesars machten. Damit vollzog sich dann auch die Errettung der im Theater Versammelten und überhaupt aller, die den Germanen in die Hände gefallen wären. Denn so lange die Soldaten noch die Hoffnung hegten, daß Gajus am Leben bleibe, schreckten sie vor keiner Gewalttat zurück, da sie immer noch so viel Treue ihm gegenüber besaßen, daß sie gern ihr Leben gelassen hätten, wenn sie ihn damit hätten retten und vor dem Untergang bewahren können. Sobald sie aber über des Gajus Tod nicht mehr in Ungewißheit waren, legte sich ihre Wut sogleich, einesteils weil ihnen nun nichts mehr daran liegen konnte, Anhänglichkeit an jemand zu beweisen, der ihnen, da er tot war, dieselbe doch nicht mehr vergalt, andernteils weil sie fürchteten, bei weiterer Gewalttätigkeit

vom Senat, falls dieser die höchste Obrigkeit bilden sollte, oder von dem neuen Caesar bestraft zu werden. So ließen denn die Germanen, wenn auch ungern, von der Erbitterung ab, in welche sie der Mordanschlag gegen Gajus versetzt hatte.

PLUTARCH

Plutarch, Biograph und akademischer Philosoph, der letzte bedeutende griechische Schriftsteller, wurde etwa 46 n. Chr. in Chaeronea in Böotien geboren, er starb um 120 n. Chr. Er stammte aus einer alteingesessenen und wohlhabenden Familie und wurde in Athen im Sinne der platonischen Philosophie erzogen. Danach kam er wieder in seine Vaterstadt, wo er Archon war (einer der höchsten Beamten). Gleichzeitig war er auch Priester im nahen Delphi.

Reisen nach Ägypten und nach Italien, die er teilweise in staatlichem Auftrag unternahm, dienten der Erweiterung seines Weltbildes. Auf diesen Reisen traf er auch viele bedeutende Männer seiner Zeit; vielleicht regten ihn diese Begegnungen zu seinen dreiundzwanzig bekannten Paaren von Biographien an.

Von diesen Biographien ist für uns besonders die von *Marius* wichtig, finden wir doch hier die einzige ausführliche Darstellung des Krieges der Römer mit den Kimbern und Teutonen, die uns erhalten ist. Plutarch lebte zwar fast 200 Jahre später, er hat aber wohl aus einer Fülle damals noch erhaltenen Materials schöpfen können, so daß er uns einen lebendigen und farbenprächtigen Bericht dieser Kämpfe geben konnte.

Caius Marius, geboren 156 v. Chr. in Cereatae bei Arpinum, gestorben am 13. 1. 86 in Rom, römischer Heerführer und Politiker, stammte aus bäuerlicher Familie. Als Konsul setzte er im Jahre 105 als Folge der Niederlagen gegenüber den Kimbern und Teutonen eine Heeresreform durch. Marius besiegte Jugurtha, war 104 bis 100 wiederholt Konsul und schlug endgültig die Kimbern und Teutonen. Als Vertreter der Volkspartei floh Marius bei Sullas Rückkehr nach Afrika, kehrte aber mit Unterstützung des Konsuls Cinna im Jahre 87 v. Chr. nach Rom zurück und rechnete in grausamen Proskriptionen mit seinen Gegnern ab. 86 wurde er zum siebten Mal Konsul, starb aber bereits am 13. Januar.

Plutarch, Leben des Marius 11-27

Der Krieg mit den Kimbern und Teutonen 105 v. Chr.

11. Doch Neid, Haß und Verleumdungen gegen Marius wurden im Nu zerstreut und zurückgedrängt, als von Westen her eine neue Gefahr drohend vor Italien emporstieg. Jetzt brauchten die Römer einen großen Feldherrn und sahen sich um nach einem Steuermann, der den Staat vor der gewaltig heranbrandenden Kriegswoge retten könnte. Aber niemand aus den adligen und reichen Häusern wagte es, die Verantwortung zu übernehmen. So wurde Marius trotz seiner Abwesenheit von Rom zum Konsul gewählt[1]. Kaum war nämlich die Meldung von Jugurthas Gefangennahme nach Rom gelangt, da breiteten sich auch schon die Gerüchte über die Teutonen und Kimbern aus. Was über Menge und Stärke der heranziehenden Heere

---

[1] Im Jahre 105 für das Jahr 104 v. Chr.

herumgeboten wurde, fand zunächst keinen Glauben. Später
stellte sich heraus, daß alle Vermutungen hinter der Wahrheit
zurückgeblieben waren. Dreihunderttausend streitbare Männer zogen in Waffen heran; weitaus zahlreicher noch, so hieß
es, seien die Frauen und Kinder, die dem Zug folgten. Die
gewaltigen Menschenmassen waren auf der Suche nach Land,
das sie ernähren, nach Städten, in denen sie sich ansiedeln und
leben könnten. Sie wollten es den Kelten gleichtun, die, wie
sie gehört hatten, den fruchtbarsten Teil Italiens den Etruskern
entrissen und selber in Besitz genommen hatten. Da sie mit
anderen Völkern keine Verbindung gehabt hatten und aus weiter Ferne hergezogen kamen, wußte niemand, wer sie seien,
von wo sie wie eine Wetterwolke über Gallien und Italien
hereinstürzten. Die meisten Vermutungen gingen dahin, es
handle sich um germanische Völkerschaften, die am Nordmeer
wohnten, da sie doch deren hünenhafte Gestalt und leuchtend
blaue Augen hatten. Außerdem gebrauchen die Germanen für
Räuber das Wort »Kimbern«. Einige Gelehrte behaupten auch,
das Land der Kelten erstrecke sich in gewaltiger Tiefe und
Ausdehnung von der Nordsee nach Osten bis zum Asowschen
Meer und grenze hier an das Land der Skythen am Schwarzen
Meer. So sei hier eine Mischbevölkerung von Kelten und Skythen entstanden, welche ihre angestammten Wohnsitze verlassen habe. Allerdings hätten sie nicht in einer einzigen Welle
und in ununterbrochenem Zug die Länder überflutet, sondern
seien jedes Jahr zur Sommerszeit ein Stück weiter gewandert
und hätten im Verlauf einer langen Zeit kämpfend den Konti-
nent durchzogen. Deshalb gaben sie dem Heer als Ganzem
den Namen »Keltoskythen«, wenn auch die einzelnen Teile
vielfach ihre eigenen Namen trugen. Andere vertreten die
Meinung, es seien Kimmerier gewesen, ein Volk, das den
Griechen schon in alter Zeit bekannt war. Ein kleiner Teil
dieses Stammes sei auf der Flucht vor den Skythen oder in
Auflehnung gegen sie unter Lygdamis' Führung vom Asow-

schen Meer nach Kleinasien hinübergewandert, die Haupt-
masse aber, ein streitbares Geschlecht, wohne am äußersten
Rand der Welt, an den Ufern des Nordmeeres, in einem schattigen, baumreichen Land voll tiefer und dichter Wälder, die
die Sonne kaum durchdringen könne. Bis zum Herkynischen
Gebirge erstrecke sich dieser Wald. Unter diesem Himmels-
strich erreiche der Pol wegen der Neigung der Parallelkreise
eine große Höhe und der Polarstern stehe fast senkrecht über
ihrem Scheitel, und die Zeit sei in Tage aufgeteilt, welche
genau so lang oder kurz seien wie die Nächte. Hier habe
Homer den Stoff für seine Schilderung des Totenreiches gefunden[2]. Aus dieser Gegend sollen diese Barbaren gegen Italien
gezogen sein. Ihr ursprünglicher Name »Kimmerier« habe sich
dabei in »Kimbern« gewandelt, was gar nicht schlecht zu ihnen
passe. Während dies alles mehr auf Annahmen als auf sicherer
historischer Grundlage beruht, wird von zahlreichen Forschern
bestätigt, daß ihre Zahl nicht geringer, sondern größer gewesen
sei, als ich angegeben habe. Ihr ungestümer, tollkühner Mut
fegte jedes Hindernis hinweg, mit der zerstörenden Gewalt
eines Feuers fielen sie in der Schlacht über die Feinde her. So
zogen sie heran, und niemand konnte ihren Vormarsch aufhal-
ten. Was an ihrem Weg lag, fiel ihnen als sichere Beute zu, und
viele große Römerheere, welche die gallische Provinz jenseits
der Alpen beschützen sollten, waren mit ihren Führern schmäh-
lich geschlagen worden. Dieser schwache Widerstand vor allem
hatte den Strom der Barbaren nach Italien gelockt. Sie hatten
die Gegner, auf die sie bisher gestoßen waren, alle besiegt und
gewaltige Reichtümer erbeutet. Nun beschlossen sie, nirgends
sich niederzulassen, ehe sie nicht Rom zerstört und Italien
verwüstet hätten.

12. Da solche Nachrichten von vielen Seiten her in Rom
eintrafen, rief man Marius an die Spitze des Heeres. Er wurde

[2] Odyssee 11, 9-19.

zum zweitenmal zum Konsul gewählt, obwohl das Gesetz die Wahl eines Abwesenden nicht zuließ und außerdem ein zweites Konsulat erst nach Ablauf einer bestimmten Frist gestattete. Aber das Volk verjagte jeden, der Widerspruch wagte. Es sei nicht das erste Mal, hieß es, daß sich das Gesetz dem Staatswohl beugen müsse; man habe zu besonderen Maßnahmen heute nicht weniger guten Grund als zur Zeit, da Scipio gegen das Gesetz Konsul wurde; denn damals wollte man Karthago zerstören, jetzt aber sei die Heimat in Gefahr. So wurde der Antrag genehmigt und Marius gewählt. Er kehrte mit dem Heer aus Afrika zurück und übernahm am ersten Januar, dem Beginn des römischen Jahres, das Konsulat. Am gleichen Tag feierte er den Triumph und bot dabei seinen Mitbürgern ein Schauspiel, das niemand für möglich gehalten hätte: Jugurtha wurde als Gefangener im Triumphzug mitgeführt. Kein Römer hatte zu hoffen gewagt, daß man der Feinde Herr werden könne, solange dieser Mann am Leben sei, so geschickt wußte er jeden Vorteil zu nutzen, so eigenartig war sein Wesen aus tückischer Verschlagenheit und feurigem Mut gemischt. Aber während des Zuges durch die Straßen von Rom verlor er, wie man erzählt, den Verstand. Nach dem Triumph wurde er in den Kerker geworfen. Mit Gewalt zerrten ihm die Henkersknechte das Gewand vom Leib, andere griffen nach seinen goldenen Ohrringen und rissen in der Hast das halbe Ohr mit ab. Als er nackt in das unterirdische Verlies gestoßen wurde, rief er in gänzlicher Verwirrung mit wahnsinnigem Lachen aus: »Beim Herakles, wie kalt ist euer Bad!« Sechs Tage lang rang er mit dem Hunger, und bis zur letzten Stunde klammerte er sich gierig ans Leben. So empfing er den verdienten Lohn für seine Untaten.

. . .

13. Nun zog Marius wieder ins Feld. Schon auf dem Marsch stellte er harte Anforderungen an die Truppen, übte sie in verschiedenen Formen des Laufes und verlangte weite Dauer-

märsche. Er zwang die Soldaten, ihr Gepäck selber zu tragen
und sich das Essen selbst zu bereiten, so daß man auch später
noch fleißige Leute, die schweigend und bereitwillig ihre Pflicht
taten, »Marianische Maulesel« nannte. Es gibt allerdings noch
eine andere Erklärung für diese Redensart. Während der Belagerung von Numantia, so wird erzählt, musterte Scipio einmal
das Heer und sah sich neben den Waffen und Pferden auch die
Maultiere und Wagen an, um zu prüfen, ob sich alles in gehö-
rigem Zustand befinde. Da führte Marius ein von ihm gewarte-
tes, prächtig gepflegtes Pferd vor, dazu ein Maultier, das so
wohl besorgt, willig und stark war wie keines sonst im Lager.
Der Feldherr zeigte große Freude an Marius' Tieren und sprach
noch oft von ihnen. Seitdem sagte man im Scherz von einem
Menschen, den man für seinen ausdauernden, geduldigen Fleiß
loben wollte, er sei ein »Marianischer Maulesel«.

14. Das Glück meinte es mit Marius offenbar besonders gut.
Denn der Strom der Barbaren flutete zurück und ergoß sich
zuerst nach Spanien hinein, so daß er Zeit gewann, die Soldaten körperlich tüchtig zu machen und ihren Mut zu stählen.
Noch wichtiger war, daß sie ihn in dieser Zeit richtig kennen-
lernten. Nachdem sie sich einmal an Disziplin und Gehorsam
gewöhnt hatten, erschien ihnen seine finstere Strenge, seine
unerbittliche Härte im Strafen gerecht, ja heilsam, sein jäh
auflodernder Zorn, seine rauhe Stimme, sein wilder Blick
wurden ihnen nach und nach vertraut und flößten ihnen keine
Furcht mehr ein, wohl aber, wie sie meinten, den Feinden. Am
meisten jedoch gefiel den Soldaten die unparteiische Gerechtigkeit seiner Urteile ... Dies wurde auch in Rom bekannt und
trug nicht wenig dazu bei, daß Marius ein drittes Mal zum
Konsul gewählt wurde[3]. Freilich erwartete man für den Früh-
ling auch die Rückkehr der Germanen und wollte den gefährlichen Kampf mit keinem andern Feldherrn wagen. Sie kamen

[3] Im Jahre 103 v. Chr.

indes nicht so schnell wie man vermutet hatte, so daß Marius'
Amtsjahr abermals verstrich.

Als die Konsulwahlen vor der Tür standen, übergab er Manius Acilius den Oberbefehl und eilte selber nach Rom, denn
sein Amtskollege war gestorben. Viele tüchtige Männer bewar-
ben sich um das hohe Amt, doch der Volkstribun Licius Saturninus[4] – er hatte großen Einfluß auf die Menge und war von
Marius gewonnen – rief in der Volksversammlung die Bürger
auf, Marius zum Konsul zu wählen. Da dieser distanziert tat
und sagte, er suche das Amt nicht und lehne es ab, nannte ihn
Saturninus einen Vaterlandsverräter, wenn er sich in solcher
Gefahr dem Oberbefehl entziehe. Es war klar genug, daß er
mit Marius ein abgekartetes Spiel aufführte, und zwar recht
ungeschickt. Aber die Menge erkannte das Gebot der Stunde:
man brauchte Marius' Fähigkeiten und sein Glück. So erhielt
er zum vierten Mal das Konsulat[5]. Sein Amtskollege wurde
Lutatius Catulus, ein in Adelskreisen geachteter Mann, den
auch das Volk nicht haßte.

15. Inzwischen waren Nachrichten eingetroffen, daß die
Feinde nahe seien, und Marius überquerte in Eilmärschen die
Alpen. An der Rhône schlug er ein befestigtes Lager auf, in
dem er gewaltige Vorräte sammelte; denn es sollte nie so weit
kommen, daß Mangel an Lebensmitteln ihn zwänge, den
Kampf in einem ungünstigen Zeitpunkt aufzunehmen. Da der
Transport von der Küste zum Lager hin langwierig und kostspie-
lig war, sorgte er selber für einen leichten, rasch befahrbaren
Zugang zum Meer. An der Rhônemündung hatten sich infolge
der Brandung große Schlammassen abgelagert, und tiefe Sand-
bänke waren entstanden, so daß die Getreideschiffe nur ganz
langsam und unter großen Schwierigkeiten einfahren konnten.
Marius setzte seine Truppen, welche im Augenblick unbeschäf-

---

[4] Lucius Appuleius Saturninus, Volkstribun 103 und 100 v. Chr.
[5] Viertes Konsulat des Marius im Jahr 102 v. Chr.

tigt waren, zur Abhilfe ein, ließ einen breiten Graben ausheben und die Rhône zum größten Teil in diesen umleiten. Der Kanal führte zu einer günstigen Stelle an der Küste, wo er ruhig und von keiner Brandung gehemmt ins Meer ausströmen konnte, das an der Mündungsstelle tief genug war, um auch großen Schiffen die Einfahrt zu gestatten. Noch heute trägt er den Namen seines Schöpfers[6].

Die Barbaren hatten sich indes in zwei Heere geteilt[7]. Den Kimbern fiel es zu, von Norden her durch Noricum gegen Catulus zu marschieren und dort den Zugang nach Italien zu erzwingen, die Teutonen und Ambronen sollten der Küste entlang durch das Gebiet der Ligurer gegen Marius ziehen. Der Zug der Kimbern hatte manche Unterbrechungen und rückte nur langsam vorwärts, die Teutonen und Ambronen jedoch brachen sogleich auf und marschierten ohne Aufenthalt ihrem Ziel zu. In unübersehbaren Scharen erschienen sie vor Marius' Lager. Mit Entsetzen sahen die Römer auf die schrecklichen Krieger, welche in einer Sprache lärmten, die sie noch nie vernommen hatten. Sie bedeckten einen großen Teil der Ebene, schlugen ihr Lager auf und forderten bald Marius zum Kampf heraus.

16. Der aber kümmerte sich nicht um ihr Geschrei. Er hielt die Soldaten im Lager zurück und wies die tollkühnen Draufgänger mit scharfen Worten in die Schranken, ja er warf denen, die in unbeherrschtem Zorn zum Kampf drängten, geradezu Landesverrat vor. Jetzt gehe es nicht darum, den eigenen Ehrgeiz mit Triumphen und Trophäen zu befriedigen, es gelte, das verderbenbringende Unwetter des Krieges zu vertreiben und Italien zu retten. So sprach er im Kreis der Offiziere und Gleichgestellten. Die Soldaten aber ließ er in kleinen Gruppen auf den Lagerwall treten und Umschau halten. Auf diese Weise

---

[6] Fossae Marianae.
[7] 102 v. Chr.

gewöhnte er sie daran, die Feinde ruhig zu betrachten, ihre fremdartige, tierische Sprache zu ertragen, ihre Ausrüstung und ihre Bewegungen kennenzulernen, so daß ihnen allmählich zum vertrauten Anblick wurde, was ihnen vorher furchtbar erschienen war. Marius wußte wohl, daß die Phantasie unbekannte Gefahren übertrieben gräßlich auszumalen pflegt, während Gewöhnung auch einer wirklich vorhandenen Gefahr den Schrecken nimmt.

Aber der tägliche Anblick heilte die römischen Legionäre nicht nur von ihrer anfänglichen Bestürzung, bald waren ihnen auch die Drohungen und Prahlereien der Barbaren unerträglich, der Zorn regte sich in ihrer Brust und wurde zur glühenden Wut, wenn sie zusehen mußten, wie die Feinde ringsherum das Land kahl plünderten und sogar in dreister Frechheit das römische Lager anzugreifen wagten. Da machte mancher Soldat seinem Unwillen gegen den Feldherrn Luft: »Marius glaubt wohl, wir seien Feiglinge, daß er uns am Kämpfen hindert und wie Weiber hinter Schloß und Riegel hält? Wohlan, mit dem Mut freier Männer wollen wir ihn fragen, ob er auf andere Legionen wartet, die für Italiens Freiheit kämpfen sollen, und uns immer nur als Arbeitssklaven gut genug findet, wenn es gilt, Kanäle zu graben, Schlamm wegzuräumen und Flüsse umzuleiten. Dafür hat er uns scheinbar in Mühen und Strapazen abgehärtet, das sind die Ruhmestaten, die er in Rom als Frucht seiner Konsulatsjahre dem Volk präsentieren will. Oder schreckt ihn vielleicht das Schicksal eines Carbo oder Caepio[8]? Ja, diese Feldherren wurden von den Kimern und Teutonen besiegt, aber wer wollte Marius' Ruhm und Tapferkeit mit ihnen, wer jenes Heer mit unserm vergleichen? Und doch, es wäre immer noch besser, kämpfend unterzugehen wie sie, als

---

[8] Gnaeus Papirius Carbo, Konsul 113 v. Chr., wurde in Noricum, Quintus Servilius Caepio, Konsul 106, wurde 105 v. Chr. bei Arausio (Orange) vernichtend geschlagen.

stille zu sitzen und zuzuschauen, wie unsere Verbündeten verderben.«

17. Solche Äußerungen erfüllten Marius mit Freude, und beruhigend sagte er dann zu seinen Leuten, daß er alles Vertrauen in sie setze, aber auf Grund gewisser Orakel Zeit und Ort des Sieges abwarten wolle. Tatsächlich befand sich in seinem Gefolge eine Syrerin namens Martha, die als Prophetin galt und feierlich in einer Sänfte reiste. Marius opferte nur nach ihrem Geheiß. Der Senat hatte sie seinerzeit abgewiesen, als sie Zutritt verlangte, um die Zukunft zu deuten. Da hatte sie sich an die Frauen herangemacht und ihnen Proben ihrer Kunst gegeben. Marius' Ehefrau war besonders stark beeindruckt, hatte sie ihr doch, im Theater zu ihren Füßen sitzend, die Gladiatoren gezeigt, die siegen würden – und recht behalten. So schickte sie die Prophetin zu ihrem Gemahl ins Lager, wo sie ebenfalls Bewunderung erregte. Auf den Märschen ließ sie sich in einer Sänfte mittragen, zum Opfer aber schritt sie in einem doppelten, spangengehaltenen Purpurmantel, eine mit Binden und Kränzen behängte Lanze in der Hand. Bei manchem freilich regte sich angesichts dieses Verhaltens der Zweifel, ob Marius der Frau wirklich aus Überzeugung folge oder sie lediglich zum Zweck einer frommen Komödie vorzeige. Ehrlich aber darf man sich wundern über die Geschichte von den zwei Geiern, die Alexander von Myndos[9] erzählt. Die beiden Vögel erschienen vor jedem siegreichen Gefecht über dem Heer und folgten seinem Weg. Man erkannte sie an ihren ehernen Halsreifen, denn die Soldaten hatten sie einmal eingefangen, ihnen Ringe um die Hälse gelegt und sie dann wieder fliegen lassen. Seitdem winkten sie den Geiern grüßend zu, wenn sie sie erkannten, und freuten sich, sie beim Ausmarsch zu erblicken: war ihnen doch ein glücklicher Erfolg verheißen.

---

[9] Alexander von Myndos hat in der ersten Hälfte des 1. Jahrhunderts n. Chr. ein großes zoologisches Werk verfaßt.

Es wurden damals viele Wunderzeichen beobachtet, doch waren die meisten allgemeiner Natur. Aus den italischen Städten Ameria und Tuder[10] hingegen wurde gemeldet, man habe am Himmel feurige Lanzen und Schilde gesehen. Zuerst seien sie hin- und hergefahren, dann aufeinander losgestürzt in Formationen und Bewegungen, als ob zwei Heere miteinander kämpften; schließlich seien die einen zurückgewichen, die anderen hätten sie verfolgt und alles sei im Westen verschwunden. Zur selben Zeit kam auch Batakes, der Priester der Großen Mutter von Pessinus[11], nach Rom mit der Botschaft, die Stimme der Göttin habe ihm aus dem Allerheiligsten Sieg und Triumph der Römer verkündet. Der Senat schenkte ihm Glauben und beschloß, der Göttin zum Dank für den Sieg einen Tempel zu errichten. Als aber Batakes vor das Volk trat, um auch ihm die Worte der Göttin kundzutun, hinderte ihn der Volkstribun Aulus Pompeius am Sprechen, nannte ihn einen Lügenpropheten und stieß ihn mit Schimpf und Hohn von der Rednerbühne. Doch sollte gerade dies den Glauben an des Priesters Weissagung am meisten stärken. Denn kaum war Aulus nach Auflösung der Volksversammlung zu Hause angekommen, als ihn ein hitziges Fieber mit solcher Gewalt darniederwarf, daß die ganze Stadt aufmerksam wurde und von seiner Krankheit sprach. Nach sieben Tagen war Aulus Pompeius tot.

18. Da Marius sich nicht rührte, versuchten die Teutonen das Lager zu stürmen, wurden aber von einem Hagel von Geschossen empfangen und verloren etliche Krieger auf dem Platz. Da beschlossen sie weiterzuziehen, den Alpen zu, die sie sicher zu überschreiten hofften. Sie packten also ihre Habe zusammen und machten sich am römischen Lager vorbei auf

---

[10] Ameria (heute Amelia) nahe am Tiber im südlichen Umbrien, Tuder (heute Todi) nördlich davon.

[11] Pessinus in Galatien im Inneren Kleinasiens, südöstlich von Ankara. Von dort kam der Kult der Magna Mater, Kybele, 204 v. Chr. nach Rom.

den Weg. Jetzt erst konnten die Römer aus der Länge des Zuges und der Dauer des Vorbeimarsches ganz ermessen, welch ungeheuren Menschenmassen sie sich gegenübersahen. Denn sechs Tage lang, heißt es, zogen die Germanen ohne Unterbrechung an Marius' Wall vorüber. Sie kamen dabei so nahe an den Wall, daß sie den Legionären unter lautem Lachen zurufen konnten, ob sie an ihre Frauen daheim etwas zu bestellen hätten, denn bald seien sie bei ihnen.

Als die letzten Barbaren vorbeimarschiert waren und die Germanenscharen weiterzogen, brach auch Marius auf und folgte ihnen behutsam. Er machte stets in ihrer unmittelbaren Nähe halt, wählte aber feste Lagerplätze und schützte sie durch starke Schanzen, um vor nächtlichen Überfällen sicher zu sein. So gelangten die beiden Heere bis nach Aquae Sextiae[12]. Von da war es nicht mehr weit bis zum Fuß der Alpen, und darum plante Marius, in dieser Gegend die Schlacht zu schlagen. Er wählte für das Lager einen Platz, der leicht zu halten, aber nicht genügend mit Wasser versehen war, um dadurch, wie man erzählt, die Soldaten noch mehr anzufeuern. Viele fingen wirklich an zu murren und behaupteten, verdursten zu müssen. Da zeigte er ihnen ein Flüßchen, das nahe am feindlichen Lager vorüberströmte, und sagte, dort gebe es zu trinken, aber zahlen müßten sie mit Blut. »Warum«, fragten die Legionäre, »führst du uns denn nicht gleich hinunter, solange unser Blut noch flüssig ist?« Marius erwiderte ruhig: »Erst müssen wir das Lager befestigen.«

19. Die Soldaten gehorchten, wenn auch verdrossen, die Troßknechte hingegen, welche weder für sich noch für ihre Tiere Wasser hatten, liefen in Haufen zum Fluß hinunter. Neben den Wassereimern nahmen sie Äxte und Beile, einige auch Schwerter und Lanzen mit, denn sie wollten um jeden Preis, und wenn es Kampf geben sollte, Wasser holen. Anfänglich

---

[12] Heute Aix-en-Provence.

stellten sich ihnen nur wenige Feinde in den Weg. Die meisten
hatten gebadet und saßen beim Essen, andere tummelten sich
noch in den warmen Quellen, die dort aus dem Boden sprudel-
ten. Die Römer überraschten denn auch viele, die sich's im
Bad wohl sein ließen und vergnügt die Wunder des Ortes
auskosteten. Nur – auf das Geschrei rannten immer mehr
zusammen, und Marius konnte die Legionäre, die für ihre
Knechte fürchteten, kaum mehr zurückhalten, zumal jetzt auch
die streitbarsten unter den Feinden, die Ambronen, aufspran-
gen und zu den Waffen liefen. Sie allein waren über dreißigtausend Mann stark und hatten seinerzeit die Römer unter Manlius[13] und Caepio besiegt. Obwohl sie sich eine reichliche
Mahlzeit einverleibt hatten und infolge des starken Weines in
ausgelassener fröhlicher Laune waren, stürzten sie nicht in
regellos toller Hast und mit verworrenem Schlachtgeschrei
heran, vielmehr schlugen sie im Takt ihre Waffen gegeneinander, rückten im gleichen Schritt vor und riefen immer wieder
alle zusammen ihren Namen »Ambronen«. Vielleicht wollten
sie sich selber damit anfeuern, vielleicht auch die Feinde durch
diesen Ruf im voraus erschrecken. Von den Italikern rückten
zuerst die Liguren gegen sie aus. Als sie den Kampfruf der
Ambronen hörten und verstanden, schrien sie ihnen entgegen,
so laute auch ihr angestammter Name; denn die Liguren nennen
sich ihrer Abstammung nach Ambronen. So erhob sich der
gleiche Schrei immer wieder von beiden Seiten, ehe sie mit
den Waffen aneinandergerieten. Und die übrigen Krieger der
beiden Heere nahmen den Ruf auf und wetteiferten darin, die
Gegner zuerst zu überschreien. So steigerte das Gebrüll ihre
Kampfwut immer mehr. Der Fluß hatte die geschlossene Front
der Ambronen zerrissen, und nach dem Übergang fanden sie
die Zeit nicht mehr, sich zusammenzuschließen. Denn kaum

---

[13] Gnaeus Manlius Maximus, Konsul im Jahr 105 v. Chr., war neben Caepio
   Anführer des 105 bei Arausio geschlagenen römischen Heeres.

waren die ersten am anderen Ufer, da stürzten die Ligurer auch schon auf sie ein, und das Handgemenge war im Gange. Die Römer eilten den Ligurern zu Hilfe, warfen sich von der Höhe herab auf die Barbaren und brachten sie durch die Wucht ihres Angriffs zum Zurückweichen. Die meisten hieben sie noch am Fluß nieder, wo sich die Feinde im Gedränge stießen und traten, und füllten ihn mit Blut und Leichen. Dann überquerten sie das Wasser und setzten das Gemetzel am jenseitigen Ufer fort, denn die Ambronen wagten nicht mehr, sich ihnen zuzuwenden, und flohen der Wagenburg und ihrem Lager zu. Dort aber kamen ihnen ihre Frauen entgegen, mit Schwertern und Äxten in den Händen, und stürtzten sich mit gellendem Wutschrei auf die Fliehenden wie auf die Verfolger, auf die einen als Verräter, auf die anderen als Feinde. Sie warfen sich mitten ins Kampfgetümmel, rissen den Römern mit bloßen Händen die Schilde weg und packten ihre Schwerter, ließen sich verwunden und in Stücke hauen, bis zum Tod unbesiegt in ihrem Mut. So soll es denn zu dieser Schlacht am Fluß mehr durch Zufall als durch Marius' Plan gekommen sein.

20. Ein großer Teil der Ambronen war vernichtet, als die Römer bei Einbruch der Nacht das Schlachtfeld verließen, um ins Lager zurückzukehren. Aber nicht Siegeslieder empfingen hier die Krieger wie sonst nach einem glücklichen Erfolg, nicht Trinkgelage und fröhliche Schmausereien in den Zelten, und auch der süßeste Lohn nach siegreichem Kampf blieb ihnen versagt, der ruhige Schlaf. Gerade diese Nacht verbrachten sie in Furcht und Sorge, denn ihr Lager hatte weder Wall noch Graben, und viele Zehntausende der Barbaren waren noch unbesiegt. Mit diesen hatten sich die Ambronen, die dem Blutbad entronnen waren, vereinigt, und ihr Jammern tönte in die Nacht hinaus. Aber es klang nicht wie menschliches Weinen und Stöhnen, ein tierisches Heulen und Brüllen, untermischt mit Drohungen und schrillen Klagerufen, stieg aus der riesigen Menschenmasse empor und hallte wider von den Ber-

gen ringsum und von den Ufern des Flusses. Ein schauriges
Getöse erfüllte die Ebene, und Angst packte die Römer. Ja,
an Marius selbst schlich das Entsetzen heran, da er einen
nächtlichen Kampf mit all seinem wirren Durcheinander erwarten mußte.

Die Feinde aber kamen weder in der Nacht noch am folgenden Tag, denn sie verbrachten die ganze Zeit damit, sich für
die Schlacht vorzubereiten und ihre Scharen zu ordnen. Auch
Marius ließ die Frist nicht ungenutzt verstreichen. Oberhalb
der Stellung der Barbaren stiegen dunkle Waldtäler und
Schluchten steil empor. Dorthin schickte er Claudius Marcellus
mit dreitausend Legionären in den Hinterhalt. Sie sollten im
Verborgenen warten und nach Beginn der Schlacht den Germanen in den Rücken fallen. Die übrigen Truppen, welche zur
gewohnten Stunde das Abendessen eingenommen und sich zur
Ruhe gelegt hatten, ließ er in der Morgenfrühe in Schlachtordnung vor dem Lager aufmarschieren, die Reiterei schickte er
dem Fußheer voraus in die Ebene hinunter. Den Teutonen war
es angesichts der feindlichen Bewegungen unerträglich zu warten, bis die Römer zum Kampf ins flache Gelände herabkämen,
in zorniger Hast griffen sie zu den Waffen und stürmten den
Hügel hinauf. Marius schickte seine Offiziere nach allen Seiten
und ließ den Legionären befehlen, ruhig an ihrem Platz stehen
zu bleiben, bis die Feinde auf Wurfweite herangekommen wären. In diesem Augenblick sollten sie die Speere schleudern,
dann das Schwert ziehen und sich kräftig in die Schilde stem-
men, um die Angreifer zurückzustoßen; denn am abschüssigen
Hang verlören die Hiebe der Gegner ihre Wucht und ihre
Schild an Schild gedrängte Front sei ohne Stoßkraft, wenn die
Krieger auf dem unebenen Boden taumelten und nicht sicher
Stand fassen könnten. Was Marius befahl, führte er selber als
erster vor seinen Leuten aus, denn an körperlicher Gewandt-
heit stand er keinem nach, an Wagemut übertraf er alle.

21. So erwarteten denn die Römer die den Berg hinauf-

stürmenden Feinde und hielten ihrem Anprall stand, stemmten sich dann ihrer Phalanx entgegen und drängten sie Schritt für Schritt in die Ebene zurück. Schon wollten sich im flachen Gelände die vordersten Germanen zu neuem Angriff ordnen, da erscholl aus den hintersten Reihen wirres Geschrei. Marcellus hatte den richtigen Augenblick wahrgenommen und war, als das Getöse der Schlacht über die Hügel drang, mit seinen Leuten aufgebrochen. Jetzt fielen diese im Sturmschritt und mit lautem Kampfgeschrei den Feinden in den Rücken und machten die hintersten nieder. Schon gerieten die nächstvorderen Linien in Unordnung, und bald verbreitete sich die Verwirrung über das ganze Heer. Die Teutonen, von vorn und hinten bedrängt, hielten nicht mehr lange stand, ihre Reihen lösten sich auf und flohen bald. Hinter ihnen her jagten die Römer. Über hunderttausend Mann wurden von den Verfolgern niedergemacht oder gefangengenommen, auch fielen die Zelte und Wagen samt aller Habe der Feinde in ihre Hände.

Die Soldaten beschlossen, daß die gesamte Beutemasse – ausgenommen freilich, was schon gestohlen worden war – Marius gehören solle. Es war ein reiches, glänzendes Geschenk, und doch hatten sie das Gefühl, auch damit seine Feldherrenverdienste noch nicht würdig belohnt zu haben: so groß war die Gefahr gewesen. Über die Gabe an Marius und die Zahl der Gefallenen sind sich die Historiker freilich nicht einig. Doch haben, den Berichten zufolge, die Bewohner von Massalia[14] mit den Gebeinen der Toten ihre Weingärten eingezäunt, und die Erde wurde durch die verwesenden Leichen und die winterlichen Regengüsse so fett und bis tief hinunter mit Fäulnisstoffen gesättigt, daß aus ihr Ernten von nie erhörter Fülle heranreiften. So habe sich das Wort des Archilochos[15] bestätigt, daß eine Schlacht »die Fluren düngt«. Überhaupt

---

[14] Heute Marseille.
[15] Berühmter griechischer Lyriker des 7. Jahrhunderts v. Chr. aus Paros.

sollen nach großen Schlachten oft gewaltige Regenfluten nie-
derstürzen, vielleicht weil eine Gottheit durch reine Wasser
vom Himmel die Erde entsühnen und abspülen will, vielleicht
auch, weil aus Blut und Fäulnis ein feuchter, schwerer Dunst
aufsteigt und die Luft verdickt, die ja ohnehin leicht beweglich
ist und sich schon aus geringstem Anlaß leicht verändern kann.

22. Nach der Schlacht ließ Marius die schönsten nicht be-
schädigten Waffen und Beutestücke auswählen: sie sollten später im Triumphzug dem staunenden Volk gezeigt werden. Dann
brachte er, nachdem er die übrige Beutemasse zu einem riesigen Stoß hatte aufschichten lassen, ein großartiges Opfer dar.
Das ganze Heer stand bekränzt und im Schmuck der Waffen
um den Scheiterhaufen, in seiner Mitte Marius selber, in pur-
purbesetzter Toga und nach alter Sitte gegürtet. Eben griff er
nach der brennenden Fackel, hielt sie mit beiden Händen zum
Himmel empor und wollte den Holzstoß in Brand stecken, da
sah man plötzlich ein paar Reiter heranreiten. Man erkannte
Marius' Freunde in ihnen, und erwartungsvolle Stille senkte
sich über das Heer. Jetzt waren sie nahe, sprangen vom Pferd
und begrüßten Marius mit der freudigen Nachricht, er sei zum
fünftenmal Konsul geworden[16]. Dann überreichten sie ihm die
Urkunde, in der die Wahl bestätigt war. So wurde das Siegesfest
durch eine unerwartete, große Freude gekrönt. Unter tosen-
dem Waffenklirren jubelten die Soldaten ihrem Feldherrn zu,
die Offiziere kränzten ihn mit frischem Lorbeer, dann entzündete er den aufgetürmten Scheiterhaufen und vollendete das
Opfer.

23. Die Macht aber, die kein großes Glück in reiner, unge-
trübter Lust genießen läßt, sondern unser Leben in buntem
Wechselspiel durch Leiden und durch Freuden führt, mag sie
nun »Schicksal« genannt werden oder »göttliche Vergeltung«
oder »unabänderliche Natur des irdischen Geschehens«, diese

---

[16] Marius' fünftes Konsulat 101 v. Chr.; die Wahl dazu fand 102 statt.

Macht wollte es, daß Marius wenige Tage später von seinem
Mitkonsul Catulus eine Kunde erhielt, die wie eine dunkle
Wolke am heiteren, stillen Tag neue Ängste und Gewitter-
stürme über Rom heraufführte. Catulus, der den Kimbern das
Eindringen nach Italien verwehren sollte, hatte auf die Sperre
der Alpenpässe verzichtet, um sein Heer nicht aufzusplittern
und dadurch seine Schlagkraft zu schwächen. Er war wieder
gegen das italische Land hinabgezogen und hinter die Etsch
zurückgegangen. Hier wollte er den Feinden den Übergang
sperren und errichtete zu beiden Seiten des Flusses stark befe-
stigte Schanzen. Er schlug auch eine Brücke über die Furt, um
den Soldaten am anderen Ufer Hilfe bringen zu können, wenn
die Barbaren durch die Pässe gegen die römische Verteidigungs-
stellung losstürmen sollten. Die aber hatten für ihre Gegner
nichts als Verachtung und frechen Hohn übrig, und einzig um
ihnen ihre Kraft und ihren tollkühnen Mut vor Augen zu
führen, nicht etwa um etwas Notwendiges zu tun, liefen sie
nackt umher, wenn es schneite, kletterten durch Eis und tiefen
Schnee auf die Bergeshöhen, setzten sich auf ihre breiten,
flachen Schilde, stießen ab und sausten, unbekümmert um die
schroffen Wände und klaffenden Felsspalten, in die Tiefe hinunter. Als sie in der Nähe der römischen Sperre ihr Lager aufge-
schlagen und sich die Furt angeschaut hatten, machten sie sich
daran, das Flußbett auszufüllen. Sie rissen wie vor Zeiten die
Giganten die Hügel in der Runde weg, schleppten Bäume
mitsamt den Wurzeln, Felsblöcke und gewaltige Erdklumpen
in den Fluß und versuchten, ihn aus seinem Lauf zu verdrän-
gen. Auch ließen sie in der Strömung schwere Stämme hinab-
treiben, die gegen die Stützbalken der Brücke prallten und den
ganzen Bau ins Wanken brachten. Den meisten der römischen
Soldaten schwand der Mut, sie ließen das große Lager im Stich
und wollten abziehen. In dieser Stunde bewies Catulus jene
Feldherrngröße, die den eigenen Ruhm opfert, um die Ehre
der Mitbürger zu retten. Denn als er sah, daß alle seine Vor-

stellungen die Soldaten nicht zum Bleiben bewegen konnten, weil die Angst ihnen im Nacken saß und sie vorwärts trieb, da ließ er den Adler aufnehmen, eilte an die Spitze der Ausreißer und zog ihnen voran. Die Schande sollte auf ihn, nicht auf das Vaterland fallen, die Aufgabe der Stellung als vom Feldherrn befohlener Rückzug, nicht als Flucht erscheinen. Die Barbaren indes griffen das römische Kastell am jenseitigen Etschufer an und erstürmten es, der Besatzung aber gewährten sie auf Grund eines Vertrages den freien Abzug; denn sie anerkannten voller Bewunderung, daß sie sich tapfer gewehrt und für ihr Vaterland Ehre eingelegt hätten. Man beschwor den Vertrag bei einem ehernen Stier, der später unter der Kimbernbeute wieder gefunden wurde und nach der Schlacht im Haus des Catulus aufgestellt wurde, die prächtigste Ehrengabe für den Sieg. Nun überschwemmten die Kimbern raubend und plündernd das von allem Schutz entblößte Land.

24. Wegen dieses Ereignisses wurde Marius nach Rom berufen. Als er ankam, erwartete man allgemein, er werde im Triumph in die Hauptstadt einziehen, und der Senat hatte ohne Zögern seine Zustimmung erteilt. Marius verzichtete, denn er wollte seine Soldaten, die mit ihm den Sieg erstritten hatten, der ihnen gebührenden Ehre nicht berauben. Vielleicht leitete ihn auch der Gedanke, dem Volk in dieser schweren Zeit Mut zu machen dadurch, daß er den Ruhm seines ersten Sieges dem Glück der Stadt gleichsam in treue Hut übergab, voll sicheren Vertrauens, ihn nach dem zweiten strahlender wieder zu empfangen. Nachdem er die Maßnahmen, die der Augenblick erforderte, besprochen hatte, eilte er Catulus entgegen und versuchte, den Entmutigten aufzurichten. Auch rief er seine eigenen Truppen aus Gallien zu sich. Nach ihrer Ankunft überschritt er den Po, um die Barbaren daran zu hindern, noch weiter nach Süden vorzudringen. Die Kimbern jedoch wichen dem Kampf aus unter dem Vorwand, sie wollten auf die Teutonen warten und seien sehr erstaunt, daß sie sich noch nicht

blicken ließen. Vielleicht wußten sie wirklich nichts von ihrem Untergang oder taten so, als glaubten sie nicht daran. Denn wer ihnen Botschaft von der Niederlage brachte, wurde schwer mißhandelt, und zu Marius schickten sie Unterhändler, die für die Kimbern und ihre Brüder Siedlungsland und die nötigen Städte verlangten. Marius fragte, wer denn ihre Brüder seien, und als sie erwiderten: »Die Teutonen«, da lachten seine Begleiter laut heraus, er selbst aber sagte spottend: »Macht euch keine Sorgen um eure Brüder! Sie haben Land – es ist von uns geschenkt – und werden es für alle Zeiten haben.« Die Barbaren spürten den Hohn in seinen Worten und brachen in Schmähungen aus: Das würden sie ihm heimzahlen, die Kimbern sogleich und die Teutonen nach ihrer Ankunft. »Aber sie sind ja schon da«, sagte Marius, »und es wäre unhöflich von mir, euch zu entlassen, bevor ihr eure Brüder begrüßt habt.« Er erteilte einen Befehl, und die Könige der Teutonen wurden in Ketten vorgeführt. Sie waren auf der Flucht durch die Alpen den Sequanern in die Hände gefallen.

25. Als die Kimbern diese Nachricht erhielten, rückten sie sogleich auf Marius los; der aber rührte sich nicht in seinem Lager. Für jene Schlacht, so wird berichtet, habe er auch eine Neuerung an den Wurfspeeren eingeführt. Bisher hatte man den Schaft, der in die eiserne Spitze eingelassen war, mit zwei Eisennägeln befestigt. Marius ersetzte den einen dieser Nägel durch einen leicht zerbrechlichen hölzernen Stift, den anderen ließ er an seiner Stelle. Er wollte damit erreichen, daß der Wurfspeer nicht gerade bleibe, wenn er den feindlichen Schild durchschlüge, denn beim Aufprall sollte der hölzerne Stift zerbrechen und das Eisen sich krümmen; dann würde die umgebogene Spitze im Schild haften bleiben und den Schaft nachschleifen.

Der Kimbernkönig Boiorix ritt nun mit kleinem Gefolge vor das römische Lager und forderte Marius auf, herauszukommen und mit ihm um das Land zu kämpfen. Tag und Ort des Treffens

möge er selber festsetzen. Marius gab zur Antwort, die Römer
hätten noch nie vor einer Schlacht ihre Feinde zu Rate gezogen,
doch wolle er den Kimbern den Gefallen tun. So bestimmten
sie denn als Zeitpunkt für den Kampf den übernächsten Tag
und als Schlachtfeld die Ebene von Vercellae[17], auf der die
römischen Reiter frei ausschwärmen und die Barbaren ihre
Truppenmassen entfalten konnten. Getreu der Abmachung traten die beiden Gegner zur vereinbarten Zeit zum Kampf an.
Catulus – er verfügte über zwanzigtausenddreihundert Soldaten – stand im Zentrum der römischen Schlachtlinie, während
Marius' Truppen in der Stärke von zweiunddreißigtausend
Mann auf die beiden Flügel verteilt waren. Dies ist dem Bericht
Sullas, der bei Vercellae mitgekämpft hat, zu entnehmen. Andere fügen hinzu, Marius habe den heftigsten Zusammenprall
der Heere auf den Flügeln erwartet, da sich lange Frontlinien
in der Mitte erfahrungsgemäß zurückbiegen, und dementsprechend die römischen Streitkräfte aufgestellt: die Ehre des Sieges sollte seinen eigenen Leuten zufallen, Catulus hingegen
überhaupt nicht ins Handgemenge kommen und vom Kampfge-
schehen ausgeschlossen bleiben. Dinge dieser Art soll Catulus
selber zu seiner Verteidigung vorgebracht und Marius Arglist
und Mangel an Kameradschaft vorgeworfen haben.

Das Fußvolk der Kimbern rückte langsam und ohne Lärm
aus den Verschanzungen heraus und marschierte auf zu einem
regelmäßigen Viereck, dessen Seiten je dreißig Stadien maßen.
Prächtig gerüstet zogen ihre Reiter heran, fünfzehntausend an
der Zahl. Ihre Helme glichen dem aufgesperrten Rachen rei-
ßender Tiere oder zeigten sonst ein eigenartiges Tiergesicht,
darüber ragten Federbüsche, welche die hohen Gestalten der
Barbaren noch mächtiger erscheinen ließen, eiserne Panzer
umschlossen ihre Körper, und hell glänzten die weißen Schilde.
Jeder trug eine zweispitzige Wurflanze und für den Nahkampf
ein schweres langes Schwert.

---

[17] Das heutige Vercelli.

26. Die Reiter richteten ihren Angriff nicht gegen die Front
der Römer, sondern wichen nach rechts aus und rückten langsam vor, wobei sie die Gegner allmählich zwischen sich und
ihrem Fußvolk am linken Flügel einklemmten. Die römischen
Feldherren durchschauten wohl die List dieses Manövers, es
gelang ihnen aber nicht mehr, ihre Leute zurückzuhalten. Denn
als einer schrie: »Die Feinde fliehen!«, stürzten sich alle hinter
ihnen her. In diesem Augenblick rückte wie ein ungeheures
Meer das Fußvolk der Barbaren heran. Da wusch Marius seine
Hände, hob sie zum Himmel empor und gelobte den Göttern
ein Opfer von hundert Rindern. Catulus seinerseits tat mit
erhobenen Händen das Gelübde, er werde dem »Glück des
Tages« einen Tempel weihen[18]. Es geht auch die Erzählung,
daß Marius, als man ihm beim Opfer die Eingeweide zeigte,
mit lauter Stimme ausgerufen habe: »Mein ist der Sieg.«
    Als der feindliche Angriff einsetzte, traf Marius ein Mißge-
schick, das ihn an die vergeltende Gerechtigkeit der Götter
mahnen mußte. Sulla hat uns den Vorfall erzählt. Es erhob
sich, wie sich denken läßt, eine riesige Staubwolke und ver-
hüllte die vorrückenden Armeen. Als nun Marius zur Verfolgung ansetzte und seine Legionen mit sich fortriß, geschah es,
daß er die Feinde verfehlte, an ihrer Linie vorbeistürmte und
lange suchend in der Ebene umherirrte. Die Barbaren aber
stießen im Vorrücken auf Catulus und seine Truppen, so daß
diese den Sieg vor allem entschieden. Auch Sulla befand sich
unter ihnen, wie seinem Bericht zu entnehmen ist. Zwei treff-
liche Helfer standen im Kampf den Römern zur Seite: die
Sonne, die die Feinde blendete, und die Hitze. Frost und Kälte
zu ertragen war den Kimbern ein Leichtes, waren sie doch in
tiefschattigen, kalten Ländern aufgewachsen, die Hitze aber
lähmte sie völlig, sie keuchten, der Schweiß strömte ihnen

---

[18] Dieser Tempel der »Fortuna huiusce diei« wurde von Catulus auf dem
    Marsfeld in Rom erbaut.

herab, und sie mußten sich zum Schutz vor der Sonne die Schilde vor das Gesicht halten. Denn die Schlacht fiel auf die Zeit nach der Sommersonnenwende, auf den dritten Tag, wie die Römer rechnen, vor dem Neumond des Monats August, der damals noch Sextilis hieß[19]. Auch der Staub trug dazu bei, den Mut der römischen Legionäre zu stärken. Er bedeckte das Kimbernheer mit einer undurchdringlichen Wolke, so daß man von weitem die feindlichen Massen gar nicht sehen konnte. So ging jeder auf die Gegner los, die gerade vor ihm auftauchten, und fand sich ins Handgemenge verwickelt, bevor der Anblick ihn hätte erschrecken können. Dabei waren die Römer körperlich so gestählt und abgehärtet, daß man trotz der beklemmenden Schwüle niemanden keuchen oder schwitzen sah, obwohl der Angriff im Sturmschritt vorgetragen wurde. Catulus selber soll in seiner Darstellung die Soldaten deshalb gerühmt haben.

27. An dieser Stelle fanden die meisten der Feinde und ihre tapfersten Krieger den Tod. Um nicht getrennt zu werden, hatten sich nämlich die vordersten Kämpfer lange Ketten durch den Gürtel gezogen und sich so aneinander gebunden. Hinter den Flüchtenden her stießen die Römer bis zur Wagenburg vor. Schauerliche Szenen spielten sich hier vor ihren Augen ab. In schwarzen Gewändern standen die Frauen auf den Wagen und töteten die Fliehenden, mochte es auch der Gatte, der Bruder oder Vater sein. Mit eigenen Händen erwürgten sie ihre kleinen Kinder, schleuderten sie unter die Räder und die Hufe der Zugtiere und brachten sich dann selber um. Eine hatte sich vorn an einer Deichsel erhängt, und links und rechts hingen ihre Kleinen, mit Stricken an die Knöchel der Mutter gebunden. Die Männer, die keine Bäume fanden, legten sich die Schlinge um den Hals und banden sie an den Hörnern oder Beinen der Ochsen fest. Dann reizten sie die Tiere mit

---

[19] Der dritte Tag vor dem 1. August war nach römischer Zeitrechnung der 30. Juli.

dem Stachel, bis sie wütend ihre Opfer zu Tode schleiften oder zertrampelten[20]. Viele gingen auf diese Weise zugrunde, und doch gerieten noch mehr als sechzigtausend Menschen in Gefangenschaft[21]. Die Zahl der Toten soll doppelt so groß gewesen sein.

Was wertvoll war an der Kimbernbeute, rafften Marius' Soldaten an sich. Ins Lager von Catulus wurden, wie die Berichte melden, die Waffen, Feldzeichen und Trompeten gebracht. Darauf besonders habe Catulus seine Behauptung gestützt, daß ihm der Sieg zu verdanken sei. Natürlich griff der eifersüchtige Zank auch auf die Soldaten über. Daher wählte man die Gesandten von Parma, die gerade im Lager weilten, zu Schiedsrichtern. Catulus' Leute führten sie auf dem Schlachtfeld herum und zeigten ihnen, daß die Leichen der Feinde von ihren Speeren durchbohrt waren. Diese waren nämlich durch Buchstaben kenntlich gemacht, da Catulus seinen Namen am Schaft hatte einbrennen lassen. Trotzdem bewirkten Marius' früherer Sieg und sein höheres Amt[22], daß ihm der ganze Erfolg zugeschrieben wurde, ja das Volk pries ihn als dritten Gründer Roms, der eine Gefahr gebannt habe, die nicht unbedeutender als der Keltensturm war. Und als die Bürger zu Hause mit Frauen und Kindern das Siegesfest feierten, brachten sie Marius so gut wie den Göttern von Speise und Trank eine Spende dar. Sie verlangten sogar, er solle beide Triumphe allein feiern, doch ging er nicht darauf ein, sondern triumphierte mit Catulus zusammen. Denn er wollte zeigen, daß er auch im Übermaß des Glückes Maß halten könne, und scheute

---

[20] Nach Plinius verteidigten, als der menschliche Widerstand schon zu Ende war, die kimbrischen Hunde noch die Wagen ihrer Herren.

[21] Hier setzen andere Berichte die Gefangennahme des Königs Teutobolus (auch Teutomodus, Teutomadus oder Teutobadus) an. Von den Fürsten sollen sonst Lugius und Boiorix gefallen, Claudicus und Cesorix gefangen genommen worden sein.

[22] Marius war Konsul, Caius Lutatius Catulus Prokonsul (Konsul des vergangenen Jahres).

sich wohl auch vor den Soldaten, die entschlossen waren, ihn
ebenfalls nicht triumphieren zu lassen, wenn er Catulus daran
hindere.

*Quintus Sertorius, 123-72 v. Chr., war römischer Feldherr und
Staatsmann. Er kämpfte unter Marius gegen die Kimbern und
Teutonen; doch wurde er 83 v. Chr. durch einen Streit mit Sulla
nach Spanien abgeschoben. Dort errichtete er ein eigenständiges,
von den Spaniern unterstütztes Regime gegen Sulla und verteidigte
Spanien mit Hilfe der einheimischen Bevölkerung gegen die regu-
lären römischen Truppen. Er wurde infolge einer Verschwörung
ermordet.*

Leben des Sertorius, 3

Sertorius spioniert bei den Kimbern und Teutonen. 105 v. Chr.

3. Den ersten Feldzug machte er unter Caepio mit, als die
Kimbern und Teutonen in Gallien eingefallen waren. Und als
die Römer unglücklich gekämpft hatten und in die Flucht
geschlagen waren, durchquerte er nach Verlust seines Pferdes
und mehrfach verwundet die Rhône, indem er mit Panzer und
Schild trotz der starken Strömung hinüberschwamm. So kraft-
voll und durch Übungen abgehärtet war sein Körper. Als dann
dieselben zum zweiten Mal mit vielen Zehntausenden und
unter furchtbaren Drohungen heranrückten, so daß es für
einen römischen Mann eine große Leistung war, damals in der
Schlachtreihe standzuhalten und dem Feldherrn zu gehorchen,
hatte Marius den Oberbefehl. Sertorius aber nahm es auf sich,
bei den Feinden zu kundschaften. Er legte keltische Tracht an,
eignete sich die gebräuchlichsten Ausdrücke der fremden

Sprache an – um im gegebenen Falle antworten zu können –
und mischte sich unter die Barbaren. Nachdem er hier die
nötigen Erkundungen teils durch Ausspähen, teils durch Aus-
horchen eingezogen hatte, kehrte er zu Marius zurück. Er
erhielt dafür zunächst die höchste Auszeichnung und lieferte
dann im weiteren Verlauf des Feldzuges viele Proben seiner
Klugheit und seines Mutes, so daß er sich einen Namen und
das Vertrauen des Feldherrn gewann.

*Marcus Licinius Crassus, 115-53 v. Chr., Anhänger Sullas. Er
besiegte 71 das Sklavenheer des Spartacus, war 70 und 55 Konsul,
65 Zensor und bildete 60 v. Chr. mit Caesar und Pompejus das
1. Triumvirat und erhielt 55 die Verwaltung Syriens auf fünf Jahre.
Er fiel im Kampf gegen die Parther bei Carrhae am Euphrat.*

Leben des Crassus, 9

Aufstand des Spartacus, 72 v. Chr.

. . . Spartacus . . . führte das Heer zu den Alpen in dem Gedanken, man solle sie überschreiten und in die Heimat ziehen . . .
Aber die Leute gehorchten nicht, sondern zogen durch Italien
und verwüsteten es . . . Die Furcht vor einer wirklichen Gefahr
veranlaßte den Senat, beide Konsuln zugleich wie zu einem
der größten und schwierigsten Kriege auszusenden. Der eine,
Gellius, überfiel plötzlich den germanischen Heerhaufen, der
sich aus Überheblichkeit und Stolz von den Scharen des Spartacus getrennt hatte, und vernichtete ihn vollständig . . .

Caius Iulius Caesar, 13.7.100 - 15.3.44 v. Chr., römischer Staats-
mann und Feldherr von welthistorischer Bedeutung.

Das Leben Caesars 19-23

Der Krieg gegen Ariovist. 58 v. Chr.; Der Übergang über den
Rhein. 55. v. Chr.

19. Caesars zweiter Feldzug ging gegen die Germanen, vor
denen er Gallien retten wollte, obwohl es noch nicht lange her
war, daß er ihren König Ariovist in Rom mit dem Titel »Bundesgenosse des römischen Volkes« ausgezeichnet hatte[23]. Aber
ihre Nachbarschaft war unerträglich für die ihm ergebenen
Völkerschaften, und es ließ sich leicht voraussehen, daß sie
nicht innerhalb ihrer jetzigen Grenzen bleiben, sondern bei
günstiger Gelegenheit weiterziehen und Gallien an sich reißen
würden. Da er aber bemerkte, daß den Offizieren die Angst
vor den Germanen in den Gliedern saß, ganz besonders den
jungen vornehmen Leuten, die ihn begleitet hatten, um auf
der Kriegsfahrt tüchtig zu schwelgen und sich zu bereichern,
rief er das Heer zusammen und forderte die Feiglinge und
Angsthasen auf, sich davonzumachen und sich nicht gegen die
Stimme ihres Herzens in solche Gefahren zu stürzen. Er werde
notfalls mit der zehnten Legion allein gegen die Barbaren
ziehen. Bessere Krieger als die Kimbern seien diese doch wohl
nicht und er kein schlechterer Feldherr als Marius. Darauf
schickte die zehnte Legion eine Abordnung zu Caesar, die ihm
den Dank für sein Vertrauen aussprach, die anderen Legionen

[23] Unter Caesars Konsulat war Ariovist vom Senat zum rex atque amicus
erklärt worden. Die Schlacht wurde im Nordosten von Vesontio (Besancon)
in der burgundischen Pforte geschlagen.

zeigten sich sehr entrüstet über ihre Offiziere – und schließlich folgten ihm alle, tatendurstig und voll guten Willens. Manchen Tag dauerte der Vormarsch, bis sie endlich etwa zweihundert Stadien von den Feinden entfernt ein Lager aufschlugen. Schon der Anmarsch der Römer hatte das Selbstgefühl Ariovists erschüttert. Denn ihr Angriff kam ihm völlig unerwartet, hatte er ihnen doch nicht einmal so viel Mut zugetraut, daß sie sich den anrückenden Germanen zum Kampf stellen würden. Caesars Kühnheit überraschte ihn und versetzte, wie er wohl bemerkte, auch seine Truppen in Unruhe. Noch mehr verloren sie den Mut, als die heiligen Frauen, die aus der Beobachtung der Wirbel und Strudel und aus dem Brausen der Flüsse die Zukunft deuteten, eine Schlacht vor dem Aufgang des Neumondes nicht zulassen wollten. Als Caesar davon unterrichtet wurde und beobachtete, daß sich die Germanen in ihrem Lager nicht rührten, schien es ihm ratsamer, sie zum Kampf zu zwingen, auch wenn sie dazu nicht willens wären, statt untätig abzuwarten, bis sie den Moment für günstig hielten. Er stürmte also immer wieder gegen die verschanzten Hügel, auf denen sie sich gelagert hatten, und erbitterte sie schließlich derart, daß sie voller Wut herabkamen, um sich mit ihm zu schlagen. Sie erlitten eine furchtbare Niederlage, die Römer verfolgten sie vierhundert Stadien weit bis zum Rhein, und der ganze Weg war mit Leichen und Waffen übersät. Ariovist entkam mit knapper Not über den Strom, von wenigen Getreuen begleitet. Die Zahl der Gefallenen soll sich auf achtzigtausend belaufen haben.

20. Nach diesen Erfolgen wies Caesar den Truppen Winterquartiere im Land der Sequaner an[24]. Er selber begab sich, um das politische Leben in Rom besser verfolgen zu können, in die Poebene, die zu seiner Provinz gehörte; denn

---

[24] Der Keltenstamm der Sequaner wohnte zwischen der Saone und dem Schweizer Jura, im Norden bis zum Rhein, im Süden bis zur Rhône.

der Rubico[25] bildet die Grenze zwischen dem diesseits der Alpen gelegenen Gallien und dem eigentlichen Italien. Während seines Aufenthaltes in dieser Gegend entfaltete er eine rege Tätigkeit, um neue Anhänger zu gewinnen. Er empfing zahlreiche Besucher aus der Hauptstadt und gab jedem, was er wünschte. Keinen ließ er gehen, der nicht seine Wünsche erfüllt gesehen oder wenigstens die Hoffnung auf Erfüllung mitgenommen hätte. So brachte er es fertig, während der ganzen Dauer des Gallischen Krieges mit den Truppen, die ihm die Bürger gaben, die Feinde zu unterwerfen und mit dem Geld, das er den Feinden abnahm, die Bürger zu gewinnen und sich gefügig zu machen – und dies alles, ohne daß Pompejus etwas merkte.

Da traf die Nachricht ein, die Belger[26] seien abgefallen, der mächtigste Keltenstamm, der ein Drittel ganz Galliens bewohnte. Schon hätten sie Tausende und Tausende von Kriegern zusammengezogen. Sogleich eilte Caesar nach Gallien zurück, und während die Feinde das Gebiet der römischen Bundesgenossen verwüsteten, fiel er über sie her, schlug ihren stärksten und größten Haufen nach schwacher Gegenwehr in schmähliche Flucht und richtete ein solches Gemetzel unter ihnen an, daß sich Seen und tiefe Flüsse mit Leichen füllten und die Römer leicht hinübergelangen konnten. Jetzt kehrten sämtliche Stämme am Atlantischen Ozean freiwillig zum Gehorsam zurück, doch mußte er gegen das wildeste und streitbarste Volk im Belgierland, gegen die Nervier, noch einen Zug unternehmen. Diese wohnten in unzugänglichen Wäldern und hatten ihre Familien und ihren Besitz im tiefsten Dickicht, fernab von den Feinden, in Sicherheit gebracht. Als Caesar gerade das

[25] Eines der mehreren, im Nordwesten von Ariminum (heute Rimini) in die Adria mündenden Flüßchen; es ist seit langer Zeit umstritten, um welchen genau es sich handelt.

[26] Die Belger bewohnten außer dem Gebiet des heutigen Belgiens auch Nordfrankreich bis zur Marne und Seine.

Lager verschanzen ließ und im Augenblick mit keinem Angriff
rechnete, fielen sie plötzlich, sechzigtausend Mann stark, über
ihn her, schlugen die Reiter in die Flucht und umzingelten die
zwölfte und siebente Legion, deren sämtliche Hauptleute niedergemacht wurden. Hätte nicht Caesar hastig einen Schild
ergriffen und sich durch die Reihen der vor ihm kämpfenden
Legionäre auf die Barbaren gestürzt, wäre dann nicht die
zehnte Legion, als sie ihn in Gefahr sah, von den Höhen
herabgestürmt und in die Reihen der Feinde eingebrochen, so
wäre allem Anschein nach keiner mit dem Leben davongekom-
men. Jetzt aber riß sie Caesars Tollkühnheit mit, und sie kämpften, wie man zu sagen pflegt, einen Kampf, der über ihre
Kräfte ging. Aber trotz alledem brachten sie die Nervier nicht
zum Weichen, sondern mußten sie, die sich verbissen wehrten,
an Ort und Stelle niederhauen. Von den sechzigtausend Kriegern sollen sich nur fünfhundert gerettet haben, von den vierhundert Ratsherren nur drei[27].

21. Als der Senat von diesen Waffentaten Nachricht erhielt,
ordnete er ein fünfzehntägiges Dankfest zu Ehren der Götter
an. So hatte man noch nie einen Sieg gefeiert, doch schien die
Gefahr auch riesengroß gewesen zu sein, da sich so viele Völker
gleichzeitig empört hatten. Und in den Augen der Menge
umstrahlte den Sieg auch darum ein besonderer Glanz, weil
ihr Liebling Caesar ihn errungen hatte.

Nachdem die Verhältnisse in Gallien geregelt waren, ver-
brachte er den Winter[28] wiederum in der Gegend am Po, um
seine Verbindungen mit Rom spielen zu lassen. Denn alle
Anwärter auf hohe Staatsämter kamen zu ihm und erbaten
finanzielle Unterstützung, und wenn sie dann mit seinen Gel-
dern das Volk bestochen hatten und gewählt waren, setzten sie

---

[27] Die schwere Nervierschlacht fand im Sommer 57 v. Chr. am Sabis (Sambre)
statt.
[28] Von 57 auf 56 v. Chr.

ihre ganze Kraft daran, Caesars Macht zu vergrößern. Ja es begaben sich die größten, einflußreichsten Männer Roms in großer Zahl zu ihm nach Luca, Pompejus, Crassus, Appius, der Statthalter von Sardinien, und Nepos, der Prokonsul von Spanien. Hundertzwanzig Liktoren waren damals beisammen und mehr als zweihundert Senatoren. In den Verhandlungen vereinbarte man, daß das Konsulat im nächsten Jahr von Pompejus und Crassus verwaltet, Caesars Statthalterschaft um weitere fünf Jahre verlängert und ihm zudem Gelder bewilligt werden sollten[29]. Die letzte Forderung kam den vernünftig Denkenden ganz widersinnig vor; denn dieselben Männer, deren Beutel Caesar so wohl gefüllt hatte, setzten sich jetzt dafür ein, daß man ihm Geldmittel zur Verfügung stelle, als ob er es bitter nötig hätte, ja sie erzwangen vom Senat die Zustimmung, so sehr er stöhnte über die Beschlüsse. Cato war damals nicht in Rom, man hatte ihn absichtlich nach Zypern geschickt, um ihn los zu sein. Und Favonius, der es ihm nachtun wollte, richtete mit seinem Widerspruch nichts aus. Da stürzte er aus der Tür und schrie seine Empörung ins Volk hinaus. Aber niemand schenkte ihm Gehör. Einige schwiegen aus Scheu vor Pompejus und Crassus, die meisten aus Gefälligkeit gegen Caesar, auf den sie die Hoffnung ihres Lebens gesetzt hatten.

22. Nun kehrte Caesar zu seiner Armee nach Gallien zurück, wo ein schwerer Krieg auf ihn wartete. Denn zwei mächtige Germanenstämme, die Usipeter und Tenkterer, hatten vor kurzem den Rhein überschritten, um sich im Lande festzusetzen[30]. In seinen Aufzeichnungen über den Gallischen Krieg[31]

---

[29] Diese Zusammenkunft in Luca (Lucca) erwähnt Plutarch auch in den Biographien des Crassus (Kap. 14), Pompejus (Kap. 51) und des jüngeren Cato (Kap. 41).

[30] Die Kapitel 22 und 23 geben die Kämpfe der Jahre 55 und 54 v. Chr. in kurzem Auszug wieder. Die Ereignisse des Jahres 56 hat Plutarch ausgelassen.

[31] Caesar, De bello Gallico 4, 11-13.

hat Caesar diesen Kampf in folgender Weise dargestellt: Die Barbaren hätten Gesandte an ihn geschickt, ihn dann aber während des Waffenstillstandes auf dem Marsch angegriffen und mit achthundert Mann seine fünftausend Reiter, die auf nichts Böses gefaßt waren, in die Flucht geschlagen. Darauf seien neue Unterhändler gekommen in der Absicht, ihn ein zweites Mal zu hintergehen. Diese habe er festgehalten und darauf seine Truppen gegen den Feind geführt, da er es für Torheit gehalten hätte, den Worten solch treuloser, vertragsbrüchiger Menschen weiterhin zu vertrauen. Nach dem Bericht des Tanusius[32] hingegen verlangte Cato, als der Senat zur Feier des Sieges ein Dankfest beschloß, man müsse Caesar den Barbaren ausliefern, um die Stadt von dem Frevel des Wortbruchs zu reinigen und den Fluch auf den Schuldigen abzuwälzen. Von den Usipetern und Tenkterern, die den Rhein überquert hatten, wurden vierhunderttausend niedergemetzelt. Der kleine Rest, der sich über den Strom zurückretten konnte, fand Aufnahme bei den germanischen Sugambrern.

Dies bot Caesar den Anlaß zu einem Zug in ihr Gebiet, denn in seiner Begierde nach Ruhm wollte er auch als erster unter allen Menschen mit einem Heer den Rhein überschreiten. Also schlug er eine Brücke über den Strom, der an jener Stelle breit und mit gewaltigen Wassermassen daherfließt. In der reißenden Strömung trieben Baumstämme und Holzklötze herab, prallten gegen die Brücke und rissen an ihren Stützpfeilern. Caesar ließ jedoch Prellböcke aus starken Balken im Flußbett einrammen und brach dadurch die Gewalt des heranbrandenden Stromes. In zehn Tagen war die Brücke vollendet, ein Werk, das die kühnsten Erwartungen übertraf. (23.) Nun setzte Caesar mit seinen Truppen nach Germanien über. Niemand wagte, sich

---

[32] Über den caesarfeindlichen Geschichtsschreiber Tanusius Geminus, der auch von Sueton erwähnt wird, ist uns nur sehr wenig bekannt, da auch keines seiner Werke erhalten ist.

ihm zu widersetzen; selbst die Sueben, der mächtigste Germa-
nenstamm, waren mit Hab und Gut in die tiefsten Schluchten
ihrer Wälder zurückgewichen. Also zog er sengend und bren-
nend durch das Land und bestärkte die Leute, die von jeher
römerfreundlich gewesen waren, in ihrer Gesinnung. Dann
kehrte er nach einem Aufenthalt von achtzehn Tagen auf gallischen Boden zurück . . .

ARRIAN

Arrianos, (Flavius Arrianus), um 95-175 n. Chr., aus Nikomedeia in Bithynien, stammte aus einer angesehenen Familie, die
bereits das römische Bürgerrecht besaß, und war lange Zeit
als Offizier und hoher Beamter im römischen Staatsdienst tätig
(u. a. Konsul und Statthalter von Kappadokien). Sein Haupt-
werk ist die »Anabasis«, die nüchterne, bis auf zeitgenössische
Quellen zurückgehende Darstellung des Feldzugs Alexanders
des Großen gegen Persien mit einem Anhang über die indische
Geschichte (»Indika«). Weiterhin verfaßte Arrian Nachschrif-
ten von Vorlesungen des Epiktet und ein »Handbüchlein« als
Einführung in dessen Philosophie. Die übrigen Werke beschäftigten sich mit den Küsten des Schwarzen Meeres, der Kriegstaktik (»Taktika«), der Jagd. In bewußtem Anschluß an Xeno-
phon ist Arrians Stil klar und sachlich.

ARRIAN

Der Zug des Alexander I, 3, 2

Die Quelle der Donau

... die Donau, der größte Fluß Europas, der die weitesten
Länderstrecken durchmißt und für die streitbarsten Völker-
schaften die Grenze bildet; diese sind größtenteils keltischen[1]
Stammes – in ihrem Gebiet entspringen auch die Quellen des
Stromes –; von ihnen sind die letzten[2] die Quaden und die
Markomannen.

Taktik 32,3-33,2

Keltische Reiterei

(32,3) Ich will nunmehr die Reiterübungen beschreiben, die
zum Training der römischen Kavallerie gehören, da ich ja jene
der Fußtruppen schon in der für den Kaiser selbst verfaßten
Schilderung dargestellt habe. Damit sollen zugleich meine Aus-
führungen über die Taktik ihren Abschluß finden.

(33,1) Ich bin mir dabei wohl bewußt, daß die Erklärung
der einzelnen Fachausdrücke schwierig sein wird, weil sie auch
für die Römer selbst in der Regel Fremdwörter sind und zum
Teil aus dem Iberischen oder Keltischen stammen; denn gerade
von den Kelten haben die Römer solche Übungen übernom-
men, da bei ihnen die keltische Reiterei in den Schlachten

---

[1] d. h. germanischen.
[2] Gemeint ist: die am weitesten östlich Wohnenden.

besonderes Ansehen genießt. (2) Man muß nämlich den Römern wie in anderer Hinsicht so auch deswegen Lob spenden,
weil sie sich durch ihre Liebe zu ihren eigenen überlieferten
Einrichtungen nicht hatten hindern lassen, von überallher
Brauchbares aufzunehmen und bei sich einzubürgern.

Taktik 37,2-5

Keltische Reiterübungen

(2) Zwischen dem rechten Flügel dieser Abteilung und den in
Auffangstellung befindlichen zwei Reitern brechen aus einem
Versteck andere Reiter hervor, reiten vor ihre eigene Ordnung
und schleudern auf die Herankommenden Speere. Da sie nach
links schwenken müssen, reiten sie ziemlich ungeschützt vorbei. (3) Hierzu muß der Reiter natürlich besonders geschickt
sein, um gleichzeitig sowohl gegen die Heranreitenden Speere
abzuschleudern wie auch seine rechte Seite durch Vorhalten
des Schildes decken zu können.

(4) Dieser Speerwurf muß nun zwar im Vorbeireiten mit
Drehung des Körpers nach rechts ausgeführt werden, der
schwierigste von allen ist jedoch selbstverständlich der bei
völliger Kehrtwendung, der mit einem keltischen Wort ›Petri-
nos‹ genannt wird. (5) Der Reiter muß sich hierbei nämlich
umwenden, dann mit der Kraft, die er in seiner gelenkigen
Taille noch besitzt, über den Schweif des Pferdes hinweg den
Speer so gerade wie möglich nach hinten schleudern und hierauf nach erneuter scharfer Drehung des Körpers den Schild
vor seinem Rücken halten, weil er ja, wenn er sich ungedeckt
umwenden würde, seine entblößte Körperseite den Feinden
darböte.

Taktik 43,2

(2) Die Vorführungen hören jedoch auch hiermit noch nicht auf, sonden es sprengen Krieger mit Stoßlanzen heran, die sie zuerst wie in Ausfallstellung nach vorne gefällt halten und später wie beim Einholen eines fliehenden Feindes; andere werfen bei einer Wendung des Pferdes gleichwie gegen einen anderen Feind ihre Schilde über den Kopf und auf den Rücken, drehen die Lanzen über dem Kopf herum und gehen gegen einen als angreifend angenommenen Gegner vor. Diese Übung heißt auf keltisch ›Tolutegon‹.

Taktik 44,1

(44,1) Das sind die traditionellen und vor langer Zeit übernommenen Kampfspiele der römischen Reiter. Der Kaiser befahl jedoch darüber hinaus, auch die bei den Barbaren üblichen Manöver zu üben, wie sie die berittenen Bogenschützen der Parther und Armenier, ferner abteilungsweise Attacken und Wendungen zu scheinbarer Flucht, wie sie die Lanzenreiter der Sarmaten oder Kelten ausführen – und die Schlachtrufe, die jeder Stamm in seiner Heimat ertönen läßt: keltische für die keltischen Reiter, getische für die Geten und rätische für die aus Rätien stammenden Krieger.

CASSIUS DIO

Cassius Dio (Cassius Dio Cocceianus, auch Dio Cassius genannt), griechischer Historiker, um 150-235 n. Chr., stammte
aus Nikaia in Bithynien. Er kam früh nach Rom und war römischer Beamter unter mehreren Kaisern der Severer-Familie
(unter anderem war er im Jahre 229 Konsul). Er schrieb eine
römische Geschichte von den Anfängen Roms bis 229 n. Chr.,
dem Jahr seines Konsulats unter der Regierung seines Förde-
rers Severus Alexander.

Von den ursprünglichen 80 Büchern sind nur noch die Bücher
36-60 (69 v. Chr.-46 n. Chr.) vollständig erhalten. Von den Büchern 1-35 besitzen wir längere Fragmente, und der Auszug
des Mönches Joannes Xiphilinos bietet einen zumindest teilwei-
sen Ersatz für die verlorenen Bücher 61-80.

CASSIUS DIO

Römische Geschichte 38, 34-35

Caesar und Ariovist

Ariovist hatte nämlich den Oberbefehl über jene Kelten. Er hatte auch die Bestätigung seiner Königsherrschaft von den Römern empfangen und war in das Verzeichnis ihrer Freunde und Bundesgenossen von Caesar selbst während seines Konsulats eingetragen worden. Doch dieser kümmerte sich in der Aussicht auf den Ruhm und den Zuwachs an Macht, den er vom Krieg erwartete, überhaupt nicht um jene Ehrungen; nur wollte Caesar von dem Barbaren einen Anlaß zum Kampf erlangen, damit er nicht den Anschein erweckte, irgendwie den Anfang mit Feindseligkeiten gegen ihn gemacht zu haben. Deswegen forderte er ihn auf, zu ihm zu kommen, als ob er den Wunsch hätte, sich mit ihm über gewisse Punkte zu besprechen. Als aber Ariovist hierauf nicht einging, sondern gar sagen ließ: »Wenn mir Caesar etwas sagen will, soll er selbst zu mir kommen! Ich stehe ihm ja an Rang auch sonst nicht nach, und wer einen anderen nötig hat, muß selbst zu ihm kommen!«, da tat Caesar gar zornig, als ob jener sämtliche Römer mit Verachtung behandelt hätte, und forderte sofort die Geiseln der römischen Bundesgenossen von ihm zurück; er verbot ihm auch, römisches Gebiet zu betreten und Verstärkungen aus der Heimat heranzuziehen. Dies tat er aber nicht etwa deshalb, weil er hoffte, ihn einzuschüchtern, sondern vielmehr, um ihn zum Zorn zu reizen und hieraus einen starken und wohlbegründet scheinenden Anlaß zum Krieg zu gewinnen. So kam es denn auch: denn der Barbar gab ihm im Zorn über diese Befehle eine Antwort voll Grobheiten, so daß Caesar darauf nicht weiter mit Worten antwortete, sondern

Vesontio[1], die Hauptstadt der Sequaner, sofort und, bevor es irgend jemand merkte, besetzte.

Inzwischen war die Nachricht eingetroffen, daß Ariovist gewaltig rüstete und auch schon viele andere Kelten den Rhein überschritten hätten, um ihm beizustehen, während sich andere unmittelbar am Strom lagerten, um die Römer plötzlich anzugreifen. Daher verfielen die römischen Soldaten in schwere Mutlosigkeit. Denn durch die Körpergröße der Barbaren, ihre Menge, ihren Mut und die hieraus entspringenden Drohungen erschreckt, verfielen sie in solche Niedergeschlagenheit, als ob sie nicht gegen Menschen, sondern gegen wilde Tiere kämpfen sollten, denen man nicht beikommen kann. Auch murrten sie untereinander darüber, daß sie aufgrund von Caesars persönlichem Ehrgeiz einen Krieg führen müßten, der weder gerecht noch von Senat und Volk beschlossen sei und drohten, ihn im Stich zu lassen, wenn er auf seinem Standpunkt beharre.

Römische Geschichte 48-50

Caesars Sieg treibt Ariovist über den Rhein

48. Wie die Römer und Germanen einander gegenüber lagerten, befahlen den Barbaren ihre Frauen als Weissagung, sich vor dem Neumond in keine Schlacht einzulassen. Deshalb ließ Ariovist – denn er achtete gar sehr auf die Frauen, wenn sie dergleichen taten – trotz der Herausforderungen von seiten der Römer nicht sofort seine ganze Heeresmacht zum Kampf ausrücken, sondern schickte vorerst nur die Reiter nebst der ihnen beigeordneten Fußmannschaft in das Treffen und brachte

---

[1] Besancon

den Römern empfindliche Verluste bei. Infolge davon begann er, sie zu verachten, und versuchte einen Punkt oberhalb ihres Lagers zu besetzen. Er besetzte ihn auch wirklich; auch die Römer besetzten aber dementsprechend einen anderen Punkt. Dennoch, und obwohl Caesar bis Mittag sein Heer außerhalb des Lagers aufgestellt hielt, rückte er nicht zum Angriff vor; als sich aber die Römer gegen Abend wieder zurückzogen, stürzte er plötzlich auf sie, und wenig fehlte, so hätte er ihr Lager erobert. Da ihm so alles glückte, kümmerte er sich nur noch wenig um die Frauen und ließ, als die Römer sich am folgenden Tag, wie sie es Tag für Tag taten, in Schlachtordnung aufstellten, auch seinerseits antreten.

49. Kaum hatten Caesars Soldaten bemerkt, daß sie aus ihren Zelten hervorkamen, als sie nicht mehr zu halten waren. Ohne ihnen Zeit zu lassen, sich ordentlich in Reih und Glied zu stellen, stürmten sie in schnellem Lauf mit dem Schlachtruf vorwärts und machte es ihnen unmöglich, ihre Wurfspeere, auf die sie gerade das meiste Vertrauen setzten, zu schleudern. Ja, so plötzlich stießen sie mit ihnen zusammen, daß sie auch von ihren Lanzen und den längeren Schwertern keinen Gebrauch machten. Sie drängten sich Mann an Mann und kämpften mehr mit den Leibern als mit den Waffen; die Entgegenkommenden zurückzudrängen, die Standhaltenden niederzuwerfen, das war ihr Kampf. Viele, denen auch der Gebrauch der kurzen Schwerter unmöglich war, stritten mit Händen und Zähnen, indem sie die Gegner niederzogen, bissen und an den Haaren rissen, denn an Körpergröße überragten sie die Römer bei weitem. Dennoch fügten sie ihnen dadurch keinen besonderen Schaden zu, denn im Handgemenge konnten die Römer dank ihrer besseren Bewaffnung und Kriegskunst gegen sie standhalten und gewannen endlich, nachdem der Kampf sich auf diese Weise sehr lange hingezogen hatte, die Übermacht. Von größtem Nutzen waren ihnen nämlich auch ihre kurzen Schwerter, die kleiner als die gallischen waren und eine stählerne Schneide

hatten. Auch konnten sie die anhaltende Mühe und Anstrengung besser ertragen, als die Barbaren, bei denen die Ausdauer mit dem Feuer, das sie beim Angriff zeigen, in keinem Verhältnis steht. Dies war der Grund, weshalb jene unterlagen; dennoch kam es nicht sofort zur Flucht; nicht weil ihnen die Lust dazu fehlte, aber sie konnten nicht fliehen vor Ratlosigkeit und Erschöpfung. So traten immer je dreihundert von ihnen, bald mehr, bald auch weniger, zusammen und hielten nach allen Seiten die Schilde vor, fest aufgerichtet, so daß die Haufen zu fest geschlossen waren, um in sie eindringen zu können, zugleich aber auch sehr schwer sich bewegen konnten. So taten sie nichts, erlitten aber auch nichts.

50. Da jene nun weder angriffen, noch flohen, sondern fest auf einem Punkt, wie auf einem Turm, standen, legten die Römer zunächst ihre Speere als völlig unnütz beiseite; auch mit den Schwertern konnten sie nicht zu einem richtigen Kampf kommen, und ihre Köpfe, wo sie, da sie keine Helme trugen, allein verwundbar waren, konnten sie nicht erreichen. Daher warfen die Römer die Schilde fort, liefen auf sie los und teils im Anlauf, teils nahe an ihnen emporspringend, trafen sie gar manchen. Viele wurden auf einmal mit dem ersten Stoß niedergeworfen, viele starben auch, bevor sie fielen, denn sie standen so eng und dicht, daß auch die Toten aufrecht stehen blieben. Von der Mannschaft zu Fuß wurden die meisten auf diese Weise teils dort, teils, soweit sie dahin gedrängt wurden, bei ihren Wagen mit Frauen und Kindern getötet. Ariovist aber verließ sogleich mit der Reiterei das Land und eilte zum Rhein. Er wurde verfolgt, aber nicht ergriffen und entkam auf einem Kahn; die anderen jedoch wurden teils von den Römern, indem sie in den Fluß hineinritten, niedergehauen, teils ergriff der Strom selbst sie und riß sie mit sich fort. So wurde auch dieser Kampf zur Entscheidung gebracht.

Römische Geschichte 51, 21; 24

Nach dem Sieg über die Trevirer und andere Stämme. 29. v. Chr.

21. Am ersten Tag beging Caesar (Octavian) den Triumph über die Pannonier und Dalmater, über die Japyden und ihre Grenznachbarn und über einige germanische und gallische Stämme. Caius Carinas nämlich hatte die Moriner und einige andere Völker, die an dem Aufstand teilnahmen, unterworfen, und die Sueben, die einen Kriegszug über den Rhein unternommen hatten, zurückgedrängt. Dieser Taten wegen feierte einerseits Carinas selbst den Triumph, obwohl sein Vater von Sulla hingerichtet und er selbst, wie alle anderen, die sich in gleicher Lage befanden, zum Staatsdienst für unfähig erklärt war, andererseits aber feierte ihn auch Caesar, weil der Sieg als ein Ausfluß der höchsten Obergewalt zu betrachten war, die in seinen Händen lag. – Bei den Festspielen kämpften Daker und Sueven in ganzen Scharen vor dem Volk miteinander; *diese* sind Germanen, *jene* gewissermaßen Sythen; die Sueven wohnen genau genommen jenseits des Rheins (denn auch viele andere Völkerschaften maßen sich den Namen *Sueven* an), die Daker an beiden Ufern der Donau.

24. Während Crassus so verfuhr[2], hemmten die Bastarner ihre Flucht und blieben an dem Fluß Hebrus, in Erwartung dessen, was geschehen würde. Als er aber nach Besiegung der Myser auch gegen sie anrückte, schickten sie Gesandte an ihn mit der Forderung, sie nicht zu verfolgen, sie hätten den Römern nichts zu Leide getan. Crassus hielt die Gesandten unter dem Vorwand, er wolle ihnen am nächsten Tag Antwort geben, zurück, behandelte sie freundlich und machte sie betrunken,

---

[2] Er bekämpfte die Myser, die die Makedonier unterstützt hatten. Sie waren am Pontus im Norden der unteren Donau ansässig.

so daß er alle ihre Pläne und Gedanken erfuhr; der gesamte
Stamm der Skythen nämlich ist in Wein unersättlich und hat
bald zu viel. Crassus rückte unterdessen bei Nacht vorwärts in
einen Wald, stellte Vorposten davor auf und ließ sein Heer
ausruhen. Da nun die Bastarner die Vorposten, in der Meinung, sie allein ständen ihnen gegenüber, angriffen und ihnen,
als sie sich in die dichte Waldung zurückzogen, nachdrängten,
hieb er viele von ihnen auf dem Platz selbst nieder, viele auf
der Flucht; denn sie wurden von ihren Wagen, die ihnen im
Rücken standen, aufgehalten und gerieten, da sie überdies
auch ihre Kinder und Frauen retten wollten, in die größte Not.
Ihren König, Deldo, tötete Crassus mit eigener Hand. – So
ging es dort zu. Die, welche noch übrig waren, wurden teils
in einem Wald, wohin sie sich geflüchtet, eingeschlossen, teils
in einer befestigten Ortschaft, in die sie sich geworfen hatten,
durch Belagerung überwältigt; andere kamen in der Donau,
andere über das Land zerstreut um. Da aber auch so noch
einige entkommen waren und sich eines festen Platzes bemäch-
tigt hatten, belagerte sie Crassus einige Tage lang vergeblich;
danach aber, als ihm Rholes, König über einen Teil der Goten,
zu Hilfe kam, überwältigte er sie. Rholes begab sich zu Caesar
und empfing von ihm wegen dieser Tat den Titel: Freund und
Bundesgenosse. Die Gefangenen wurden unter die Soldaten
verteilt.

Römische Geschichte 53, 12; 26

Germanien unter der Verwaltung Oktavians

12. (Oktavian teilt die Verwaltung der Provinzen mit dem
Senat.)[3] So übergab er denn die schwächeren Provinzen, als

---

[3] 27 v. Chr.

friedlich und nicht zum Krieg geneigt, dem Senat; die mächtigeren, die bedenklich und gefahrdrohend erschienen, und entweder Feinde Roms zu Grenznachbarn hatten oder imstande waren, selbst auf eigene Faust bedeutende Umwälzungen hervorzubringen, behielt er sich selbst vor. Seine angebliche Absicht war: der Senat sollte ohne Besorgnis die schönsten Früchte der Herrschaft ernten, alle Mühe und Gefahr hingegen wollte *er* auf sich nehmen; seine wirkliche: der Senat sollte unter diesem Vorwand ganz von dem Gedanken an Waffen und Krieg abgebracht werden, *er* allein wollte Waffen führen und Soldaten halten. Dem Kaiser wurden »alle Gallier« vorbehalten, die narbonensischen[4], die lugdunensischen[5], die Aquitaner und die keltischen, sie selbst wie auch ihre Kolonien. Denn einige von den Kelten, diejenigen, die wir Germanen nennen, hatten das gesamte keltische Uferland am Rhein in Besitz genommen und bewirkten dadurch, daß es als Provinz *Germanien* genannt wurde und zwar das *obere* und *untere*: das obere von der Quelle des Flusses ab, das untere bis an den britannischen Ozean[6].

26. Marcus Vinicius unternahm einen Zug gegen Germanen, die einige Kaufleute, die des Handelsverkehrs wegen in ihr Land gekommen waren, aufgegriffen und getötet hatten[7]. Er verschaffte dadurch Augustus, als dem Oberbefehlshaber, den Ehrentitel *Imperator*; auch der Triumph wurde, sowohl dieses, als anderer gleichzeitiger Vorfälle wegen, ihm zuerkannt; da er ihn jedoch nicht begehen wollte, wurde ihm in den Alpen ein Triumphbogen errichtet und das Recht verliehen, immer am ersten Tag des Jahres Kranz und Gewand des Triumphators anzulegen.

[4] An der Narbonne
[5] Bei Lyon
[6] Als die Grenze beider Provinzen untereinander kann man die Stadt Bingen betrachten.
[7] 25 v. Chr.

Römische Geschichte 54, 20, 22; 25; 32-33; 36

Unter Augustus gegen die Sigambrer und andere
Germanenstämme

20. Der bedeutendste der Kriege aber, die damals die Römer
beschäftigten, wurde gegen die Germanen geführt[8]; er mag
auch wohl Augustus bewogen haben, Rom zu verlassen. Die
Sigambrer nämlich, nebst den Usipetern und Tenkterern, hatten anfangs in ihrem Land einige Römer aufgegriffen und an
das Kreuz geschlagen; danach zogen sie auch über den Rhein
und verheerten Germanien und Gallien. Die römische Reiterei, die ihnen entgegenrückte, wurde von ihnen in einen Hinterhalt gelockt; durch ihre Flucht wurden sie weiter vorwärts
geführt, bis sie auf Lollius, den Befehlshaber, stießen. Wider
ihre eigene Erwartung besiegten sie auch diesen. Als dies
Augustus vernahm, rückte er gegen sie an, fand aber keine
Gelegenheit zu Kriegstaten. Denn auf die Nachricht, daß Lollius sich wieder rüstete und auch Augustus in das Feld rückte,
kehrten die Barbaren in ihre Heimat zurück und stellten Geiseln. Diese Vorfälle nötigten also Augustus nicht, von den
Waffen Gebrauch zu machen. Dennoch blieb er, mit Anord-
nung der sonstigen Verhältnisse beschäftigt, dieses Jahr und
das folgende, in welchem Marcus Libo und Calpurnius Piso
Consuln waren[9], bei den Galliern; denn schwer hatten sie
durch die Germanen, schwer auch durch einen gewissen Licinius gelitten.

22. Drusus und Tiberius[10] vollbrachten zu dieser Zeit Folgendes: Die Rhäter, die zwischen Noricum und Gallien wohnen,

---

[8] 16 v. Chr.
[9] 15 v. Chr.
[10] Drusus' Bruder

hart an den tridentinischen Alpen, die Italien begrenzen, unternahmen Einfälle in das ihnen benachbarte Gallien, unternahmen Raubzüge nach Italien und mißhandelten die Römer und römischen Bundesgenossen, die den Weg durch ihr Land einschlugen. Dergleichen Taten erschienen bei ihnen, die durch keinen Vertrag gebunden waren, nicht eben auffallend; sie töteten aber auch unter den Gefangenen alle die, welche männlichen Geschlechts waren, selbst die männlichen Kinder im Mutterleib, die sie durch allerhand Weissagungskünste ausfindig zu machen wußten. Deshalb schickte Augustus zuerst den Drusus gegen sie. Dieser stieß, da sie ihm entgegenrückten, im tridentinischen Gebirge mit ihnen zusammen und schlug sie nach kurzem Kampf in die Flucht, so daß ihm die Ehre der Praetur dafür zuteil wurde. – Danach, da ihnen der Weg nach Italien freilich versperrt war, sie aber dennoch Gallien bedrängten, schickte er auch Tiberius in das Feld. So drangen die beiden denn zugleich von vielen Seiten in ihr Land ein, indem sie teils in eigener Person, teils durch ihre Unterfeldherren den Befehl führten, und Tiberius sogar zu Schiff über den See anrückte. Dadurch setzten sie die Feinde in Schrecken; denn indem sie an allen Enden mit ihnen zusammenstießen, schlugen sie die, mit denen sie gerade handgemein wurden, stets ohne große Schwierigkeit, da die Feinde mit geteilter Streitmacht kämpften. Ein solcher Vorfall entkräftigte dann immer auch die anderen und machte sie mutlos, so daß sie leicht zu besiegen waren. Da das Volk aber zahlreich war und es schien, als würde es sich wohl wieder empören, zwangen sie den größten und tüchtigsten Teil der jungen Mannschaft, aus dem Land auszuwandern, und ließen nur eine Anzahl darin, die ausreichte, das Land zu bestellen, aber nicht imstande war, einen Aufstand zu wagen.

25. (Augustus hatte sich nach Gallien begeben.) Nachdem er in Gallien, Germanien und Spanien alle Verhältnisse geordnet hatte, ließ er den Drusus in Germanien; er selbst kehrte

unter dem Konsulat des Tiberius und Quinctilius Varus[11] nach
Rom zuürck.

32. (Tiberius hatte gegen die Pannonier Siege erfochten.)
Deshalb erkannte der Senat ihm den Triumph zu; Augustus
jedoch gestattete ihm nicht, den Triumphzug zu begehen, sondern verlieh ihm die Triumphalinsignien[12].

Ganz ebenso erging es Drusus. Da nämlich die Sigambrer
und ihre Bundesgenossen wegen Augustus' Abwesenheit, und
weil sie wußten, daß die Gallier nur ungern die Knechtschaft
ertrugen, zum Krieg gegen die Römer rüsteten, kam er der
Empörung der bereits Unterworfenen zuvor, indem er ihre
Häuptlinge, angeblich wegen des Festes, das noch jetzt in
Lugdunum[13] beim Altar des Augustus gefeiert wird, zu sich
rief, und schlug die Germanen zurück, indem er gerade den
Augenblick abpaßte, in dem sie über den Rhein gingen. Danach rückte er selbst, dicht an der Insel der Bataver, über den
Fluß und in das Land der Usipeter ein. Von dort unternahm
er noch einen Zug in das Gebiet der Sigambrer und verheerte
große Strecken Landes. Dann schiffte er den Rhein entlang
bis an den Ozean und gewann die Frisier zu Verbündeten. Als
er über das Wasser in das Land der Chanker eingerückt war,
kam er in Gefahr, da die Schiffe wegen der Ebbe im Ozean
auf das Trockene gerieten. Von den Friesiern, die als Fußmannschaft den Zug mitmachten, aus dieser Not befreit, kehrte er,
da es Winter wurde, um und begab sich nach Rom.

33. Mit dem Anfang des Frühlings[14] jedoch brach er wieder
zum Krieg auf, ging über den Rhein und unterwarf die Usipeter. Nachdem er über die Lupia[15] eine Brücke geschlagen
hatte, fiel er auch in das Land der Sigambrer ein, durchzog

---

[11] 13 v. Chr.
[12] 12 v. Chr.
[13] Lyon
[14] 11 v. Chr.
[15] Lippe

es und gelangte so in das Cheruskerland und bis an die Weser. Er konnte dies tun, weil die Sigambrer voll Zorn über die Chatten, die allein von allen angrenzenden Stämmen nicht ihre Bundesgenossen hatten sein wollen, mit aller ihrer Mannschaft gegen sie zu Felde lagen, und er diese Zeit benutzte, um heimlich durch ihr Land zu ziehen. Auch über die Weser würde er wohl gegangen sein, wenn er nicht an dem Notwendigsten Mangel gelitten hätte und der Winter vor der Tür gewesen wäre; auch ließ sich in seinem Lager ein Bienenschwarm sehen[16]. Dies bewog ihn, nicht weiter vorzurücken. Als er sich in Freundesland zurückziehen wollte, geriet er in eine furchtbare Gefahr. Einmal nämlich hatten ihn die Feinde, die ihm auch sonst durch Hinterhalte manchen Schaden zufügten, in einer engen Talschlucht eingeschlossen und beinahe ins Verderben gestürzt. Sie würden die Römer allesamt niedergehauen haben, wenn sie sie nicht verachtet hätten, als wären sie gefangen und bedürfte es nur noch eines Schwertstreiches, und deshalb ohne Regel und Ordnung auf sie losgestürzt wären. Da sie infolgedessen besiegt wurden, sank ihnen der Mut; obwohl sie die Römer aus der Ferne beunruhigten, wagten sie doch nicht, in ihre Nähe zu kommen. Deshalb dachte Drusus nun umgekehrt seinerseits gering von ihnen und legte am Zusammenfluß der Lupia und des Eliso ein Kastell gegen sie an; ein zweites errichtete er im Land der Chatten direkt am Rhein.

36. Es wurde im Senat der Beschluß gefaßt, den Tempel des Janus Geminus, der geöffnet war, zu schließen, da die Kriege beendet wären[17]. Er wurde jedoch nicht geschlossen; denn die Daker gingen über die zugefrorene Donau und schleppten Beute aus Pannonien fort; auch die Dalmater empörten sich, als der Tribut eingefordert wurde. Tiberius, der aus Gallien,

---

[16] Ein Bienenschwarm galt als Unglück kündendes Zeichen.
[17] 10 v. Chr.

wohin er mit Augustus gegangen war, gegen sie geschickt wurde, unterwarf sie. Die Germanen aber, besonders die Chatten, die sich mit den Sigambrern verbündet und das ihnen von den Römern zu Wohnsitzen angewiesene Land verlassen hatten, wurden von Drusus teils schwer heimgesucht, teils unterworfen. Danach kehrten beide Brüder mit Augustus, der sich meistens in dem lugdunischen Gallien aufhielt, um die Germanen aus der Nähe zu überwachen, nach Rom zurück.

Römische Geschichte 55, 1-6; 8; 11; 28

Tod des Drusus – Tiberius an der Elbe

1. In dem folgenden Jahr[18] war Drusus mit Crispinus Konsul. Die Vorzeichen waren nicht glücklich; denn außer vielem anderen Schaden, den Stürme und Blitze anrichteten, wurden auch viele Tempel zerstört; selbst der Tempel des kapitolinischen Jupiter und die anliegenden Heiligtümer wurden beschädigt. Dennoch achtete er darauf weiter nicht, sondern fiel in das Land der Chatten ein und drang bis zu den Sueven vor. Das Land, das er betrat, unterwarf er, aber nicht ohne blutige Kämpfe. – Von da wandte er sich zu den Cheruskern, ging über die Weser und drang, alles verheerend, in schnellem Zug bis an die Elbe vor. Über diesen Fluß, der auf dem vandalischen Gebirge entspringt und in bedeutender Breite in den nördlichen Ozean mündet, versuchte er zu geben, vermochte es jedoch nicht, sondern kehrte um, nachdem er Trophäen aufgerichtet hatte. Eine Frau nämlich, von mehr als menschlicher Größe, trat ihm entgegen und sprach: »Wohin eilst du, unersättlicher Drusus? Das Geschick hat dir nicht bestimmt, alles

---

[18] 9 v. Chr.

dieses zu schauen. Ziehe hin! denn deiner Taten und deines Lebens Ende ist nahe herbeigekommen.« – Wunderbar ist es freilich, daß eine solche Stimme der Gottheit von einem Menschen vernommen wird, dennoch vermag ich nicht die Wahrheit in Zweifel zu ziehen. Denn augenblicklich kam die Erfüllung. Drusus kehrte eilends um und starb auf dem Weg an einer Krankheit, bevor er an den Rhein gelangte. Als Beweis für die Richtigkeit der Erzählung gilt mir auch, daß um die Zeit seines Todes Wölfe heulend um das Lager schweiften, daß man sah, wie zwei Jünglinge mitten durch den Lagergraben ritten, daß sich ein Jammergeschrei, wie von weiblichen Stimmen, vernehmen ließ und die Sterne ihre Bahn änderten. Dies verhielt sich also.

2. Als Augustus, der nicht weit entfernt war, von seiner Krankheit erfuhr, schickte er schnell den Tiberius zu ihm; dieser fand ihn noch lebend und geleitete später seine Leiche nach Rom. Anfangs, bis an die Winterquartiere des Heeres, wurde die Bahre von Centurionen und Tribunen getragen, von da ab von den angesehendsten Männern der Städte, die der Zug berührte. Als die Leiche auf dem Forum aufgestellt war, wurden zwei Leichenreden gehalten. Die eine hielt Tiberius an Ort und Stelle, die andere Augustus in dem flaminischen Circus. – Von römischen Rittern wurde die Leiche sodann auf das Marsfeld getragen, dort verbrannt und in Augustus' Mausoleum beigesetzt. – Ihm und seinen Nachkommen wurde der Name *Germanicus* verliehen; geehrt wurde er durch Statuen, einen Triumphbogen und ein Cenotaphium am Ufer des Rheins.

6. Augustus unternahm einen Feldzug gegen die Germanen[19]. Er selbst blieb im Reich; Tiberius ging über den Rhein. Die Barbaren, mit Ausnahme der Sigambrer, schickten aus Furcht vor ihnen Unterhändler; jedoch erreichten sie ihren

[19] 8 v. Chr.

Zweck weder damals – indem Augustus erklärte, er werde mit
ihnen keinen Vertrag schließen, wenn nicht auch die Sigambrer
beiträten – noch später. Denn wirklich schickten auch die
Sigambrer Gesandte, verfehlten aber ihren Zweck so gänzlich,
daß sogar die Gesandten selbst, zahlreiche und angesehene
Männer, sämtlich in das Verderben gerieten. Augustus nämlich
hielt sie fest und verteilte sie in mehrere Städte; aus Gram
darüber töteten sie sich selbst. Danach hielten die Germanen
sich eine Zeitlang ruhig, später aber ließen sie die Römer
schwer für diese ihre Leiden büßen. – Den Tiberius erhob
Augustus an Drusus' Stelle zur Imperatorwürde; auch machte
er ihn zum zweitenmal zum Konsul.

8. (Tiberius trat am ersten Januar[20] sein Konsulat an und
beging danach das Siegesfest.) Nicht lange darauf rückte er in
das Feld, da sich in Germanien hie und da Unruhen zeigten.
– In Germanien geschah nichts, was der Erwähnung wert wäre.

11. Auch bei den Germanen trat ein Umschwung der Verhältnisse ein. Domitius nämlich, der bis zu jener Zeit in dem
Land an der Donau den Befehl geführt hatte, nahm die Her-
mundurer, die ihre Heimat, ich weiß nicht wie, verlassen hatten
und umherzogen, um ein anderes Land zu suchen, auf und
siedelte sie in einem Teil des Markomannenlandes an. Auch
über die Elbe ging er, ohne Widerstand zu finden, schloß
Freundschaftsverträge mit den dortigen Barbaren und errichtete am Ufer dem Augustus einen Altar. Als er sodann an den
Rhein zog und einige vertriebene Cherusker durch Hilfe anderer wieder in ihr Land zurückführen wollte, mißglückte ihm
dies und hatte zur Folge, daß auch die anderen Barbaren die
Römer verachteten.

28. Zu dieser Zeit[21] stand, wie mehrere andere Feldherren,
so auch Tiberius gegen die Germanen im Felde. Er drang

[20] 7 v. Chr.
[21] 5 n. Chr.

zuerst bis an die Weser, dann auch an die Elbe vor; jedoch wurde damals eben nichts Bemerkenswertes vollführt, obwohl nicht Augustus allein, sondern auch Tiberius dieser Taten wegen Imperator genannt wurde, und Cajus Sentius, der Präfekt von Germanien, die Triumphalehren erhielt. Denn nicht einmal nur, sondern zweimal schlossen die Germanen aus Furcht mit ihnen Bündnisse. Der Grund aber, obwohl sie den ersten Vertrag bald gebrochen hatten, ihnen dennoch wiederum Frieden zu gewähren, war, daß bei den Dalmatern und Pannoniern ein bedeutender Aufstand losbrach, der eine nachdrückliche Bestrafung erforderte.

Römische Geschichte 56, 18-25

Die Katastrophe des Varus Quintilius

18. Eben war dies beschlossen (die Feier des Sieges über Pannonien und Dalmatien), als eine furchtbare Kunde aus Germanien eintraf, welche sie hinderte, den Triumph zu begehen[22]. Denn während eben jener Zeit hatte sich im keltischen Land folgendes zugetragen: Die Römer hatten dort einige Punkte, nicht auf einmal, sondern wie es sich gerade traf, in ihre Gewalt gebracht – weshalb auch keine geschichtliche Aufzeichnung darüber vorhanden ist; Märkte wurden eröffnet und friedlicher Verkehr mit ihnen unterhalten. Doch sie hatten die Sitten ihrer Väter, ihre angeborene Art, ihr freies Leben und die Macht, die ihnen die Waffen gaben, nicht vergessen. So lange sie daher allmählich und mit methodischer Behutsamkeit umgebildet wurden, empfanden sie die Veränderung ihrer Lebensart nicht drückend und merkten es selbst nicht, wie sie andere wurden.

[22] 9 n. Chr.

Als aber Varus Quintilius, der, nachdem er Syrien verwaltet hatte, zum Oberbefehlshaber in Germanien ernannt worden war und die dortigen Verhältnisse als höchste Behörde ordnete, sie mit größerer Schnelligkeit und Nachdruck umwandeln wollte, ihnen Befehle wie Sklaven erteilte und, wie von Untergebenen, Geldzahlungen forderte, ertrugen sie es nicht; Fürsten wie Volk: jene, weil sie ihre frühere Macht zurückwünschten, dieses, weil es die gewohnte Ordnung der Dinge fremder Zwingherrschafft vorzog. Einen offenen Aufstand wagten sie nicht, weil sie sahen, daß die Römer zahlreich am Rhein, zahlreich auch in ihrem eigenen Land standen; sondern indem sie Varus bereitwillig aufnahmen, als würden sie alles tun, was ihnen befohlen würde, lockten sie ihn weit ab vom Rhein in das Land der Cherusker und an die Weser. Da sie auch dort in Friede und Freundschaft mit ihm lebten, brachten sie ihn zu dem Glauben, sie könnten Sklaven sein, auch ohne Soldaten.

19. So hielt denn Varus seine Heeresmacht nicht, wie es sich in Feindesland gehörte, beisammen, sondern überließ die Soldaten scharenweise hilfsbefürftigen Leuten, die darum baten; bald um irgend einen festen Platz zu bewachen, bald um Räuber einzufangen, bald um Getreidetransporte zu begleiten. Die hauptsächlichsten Verschworenen, die den Anschlag, wie nachher den Krieg, anführten, waren, neben anderen, Arminius und Segimerus; beide waren stets um Varus und oft an seiner Tafel. Während er daher guten Mutes war und nichts Böses erwartete, und allen denen, die argwöhnten, was geschah, und ihm zur Vorsicht rieten, nicht nur gar keinen Glauben schenkte, sondern sie schalt, als ob sie sich vergebens ängstigten und jene mit Unrecht verleumdeten, empörten sich zuerst einige von denen, die weiter ab wohnten, der Verabredung gemäß; damit Varus, wenn er gegen sie zöge, auf dem Marsch, zumal er in Freundesland zu sein glaubte, leichter beizukommen wäre, und er nicht etwa, wenn alle zugleich plötz-

lich den Krieg erklärten, sich durch Vorsicht sicherte. So geschah es. Als er aufbrach, ließen sie ihn vorausziehen und blieben zurück, angeblich um Bundesgenossen zu werben und sodann binnen kurzem zu ihm zu stoßen. Nachdem die Hilfsmacht, die schon an einem bestimmten Platz bereitstand, herangezogen und die bei ihnen befindlichen Soldaten, die sie sich in früherer Zeit erbaten, getötet hatten, rückten sie auf ihn an, als er schon mitten in den Waldungen steckte, wo kaum ein Ausweg zu finden ist. Mit einem Schlag zeigten sie da, daß sie Feinde sein wollten, nicht Untergebene, und vollbrachten viele furchtbare Taten.

20. Denn die Berge waren schluchtenreich und zerklüftet, die Waldungen dicht und voll riesiger Stämme, so daß die Römer, bevor noch die Feinde sich auf sie stürzten, Not genug hatten, sie zu fällen, Wege zu bahnen und, wo es nötig war, Brücken zu schlagen. Auch viele Wagen und Lasttiere führten sie mit sich – es war ja Frieden; überdies begleiteten sie nicht wenige Kinder und Frauen und ein zahlreicher Troß, so daß sie auch deshalb schon ohne Ordnung und zerstreut marschierten. Dazu kamen, um sie noch mehr auseinanderzubringen, Regen und starker Wind; der Boden selbst gestattete ihnen nur unsicheren Tritt, indem man leicht über Wurzeln und Baumstümpfe fiel; auch die Äste, die abbrachen und herunterstürzten, brachten sie in Unordnung. Während die Römer sich so in hilfloser Lage befanden, umzingelten sie plötzlich die Barbaren von allen Seiten; immer durch das dichteste Gestrüpp, da sie ja die Fußpfade kannten. Anfangs schleuderten sie von weitem Geschosse, danach aber, als sich keiner wehrte und viele verwundet wurden, rückten sie dicht an sie heran. Denn da die Truppen nicht in geordnetem Zug, sondern in buntem Gemisch zwischen Wagen und Unbewaffneten marschierten, konnten sie sich nicht leicht auf einem Punkt sammeln und waren im einzelnen immer schwächer an Zahl als die angreifenden Barbaren; daher litten sie viel, ohne es vergelten zu können.

21. So schlugen sie denn dort, da sie – soweit es in einem dichtbewaldeten Gebirge überhaupt möglich war – einen passenden Platz gefunden hatten, ein Lager auf. Die Mehrzahl der Wagen und was ihnen sonst nicht absolut notwendig war, verbrannten sie oder ließen es im Stich und zogen am anderen Tag in besserer Ordnung weiter, so daß sie wirklich an eine lichtere Stelle gelangten; doch kamen sie nicht los, ohne Blut zu lassen. Als sie aber, von dort aufgebrochen, wiederum in die Waldungen gerieten, wehrten sie sich zwar gegen die, die auf sie eindrangen, gerieten aber gerade auch dadurch in nicht geringe Not. Denn indem sie sich auf einen engen Raum zusammendrängten, damit Fußvolk und Reiterei zugleich mit voller Macht sich auf den Feind stürzen könnte, hatten sie unter sich, einer von dem andern, und alle von den Bäumen viel zu leiden. Kaum hatten sie sich mit Tagesanbruch auf den Weg gemacht, als heftiger Regen und starker Wind hereinbrach, der ihnen weder vorzurücken noch festen Fuß zu fassen gestattete, ja sogar den Gebrauch der Waffen verbot. Denn weder Bogen noch Pfeile, noch die Wurfspeere, noch die Schilde, – die ja von Regen durchnäßt waren – konnten sie ordentlich gebrauchen. Die Feinde, die der Mehrzahl nach leicht bewaffnet waren und ohne Bedenken angreifen oder sich zurückziehen konnten, wie sie wollten, wurden von dergleichen Unfällen natürlich weniger getroffen. Überdies waren sie weit stärker an Zahl, da auch von denen, die anfangs noch unschlüssig waren, viele schon um der Beute willen zu ihnen stießen; deshalb konnten sie die Römer, deren Zahl bereits verringert war – denn viele waren in den früheren Schlachten umgekommen – um so leichter umzingeln und niederhauen. Darum vollbrachten Varus und die anderen angesehensten Männer, aus Furcht, entweder gefangen zu werden oder unter den Händen erbitterter Feinde zu sterben (verwundet waren sie schon), eine furchtbare, aber notwendige Tat: sie töteten sich selbst.

22. Als dies bekannt wurde, wehrte sich auch von den anderen keiner mehr, wenn es ihm auch nicht an Kraft gefehlt hätte.
Die einen folgten dem Beispiel ihres Anführers, die anderen
warfen die Waffen fort und ließen sich von dem ersten besten
umbringen; fliehen konnte keiner, hätte er es auch noch so
gerne gewollt. So wurde denn alles ohne Scheu niedergehauen,
Männer und Rosse...
   Die festen Plätze gerieten sämtlich in die Gewalt der Barbaren, bis auf einen. Dadurch aufgehalten, gingen sie nicht über
den Rhein und unternahmen keinen Einfall in Gallien; sogar
jenen festen Platz vermochten sie nicht in ihre Gewalt zu
bringen, da sie sich auf das Belagern nicht verstanden, und die
Römer duch zahlreiche Bogenschützen unterstützt wurden,
die die Feinde zurückwarfen und sehr viele töteten. Als sie
danach erfuhren, daß die Römer den Rhein besetzten und
Tiberius mit einem mächtigen Heer anrückte, zog ein Teil von
dem Platz ab. Die dort Gebliebenen zogen sich etwas zurück,
um nicht plötzlichen Ausfällen der darin befindlichen Mannschaft ausgesetzt zu sein, und bewachten die Wege, in der
Hoffnung, sie durch Aushungern zu überwältigen. Die Römer
drinnen aber blieben, so lange sie hinlängliche Nahrung hatten,
auf dem Platz und warteten auf Unterstützung; als ihnen jedoch
niemand zu Hilfe kam und Hunger sie hart bedrängte, paßten
sie eine stürmische Nacht ab. Soldaten waren nur wenige darunter, aber sehr viele Unbewaffnete.
   An dem ersten und zweiten Wachposten kamen sie vorbei;
als sie aber dicht an dem dritten waren, wurden sie entdeckt,
weil dort die Frauen und Kinder, voll Not und Furcht wegen
des Dunkels und der Kälte, mit ihrem Geschrei den Waffenfähigen keinen Augenblick Ruhe ließen. Da wären alle getötet
oder gefangen worden, wenn die Barbaren nicht allen Eifer
auf Raub und Beute gerichtet hätten. Denn so gelang es den
Kräftigsten, sich weit zurückzuziehen und, als die Trompeter,
die mit ihnen waren, einen Marsch anstimmten, die Feinde auf

den Gedanken zu bringen – denn es war Nacht und nichts zu
sehen –, sie wären von Asprenas geschickte Hilfstruppen. Daher brachen die Feinde sofort die Verfolgung ab, und Asprenas
kam, als er den Vorfall hörte, den Römern wirklich zu Hilfe.
Einige der Gefangenen wurden noch später erlöst, indem ihre
Verwandten sie loskauften; denn dies war ihnen erlaubt unter
der Bedingung, daß die so frei Gewordenen außerhalb Italiens
lebten. Dies geschah später.

23. Als aber Augustus erfuhr, was Varus zugestoßen war,
zerriß er, wie einige sagen, sein Gewand und erhob großes
Wehklagen über die Gefallenen und die Gefahren, die Germanien und Gallien bedrohten; hauptsächlich aber, weil er erwartete, die Feinde würden auch gegen Italien und Rom selbst
anrücken, und unter der Bürgerschaft keine irgend genügende
Anzahl waffenfähiger junger Leute mehr zu finden war, und
die Bundestruppen, die nur irgend zu brauchen waren, stark
gelitten hatten. Dennoch sorgte er für alle Befürfnisse, wie es
die Umstände erlaubten, und da keiner aus der kriegspflichti-
gen Altersklasse sich in die Rollen wollte eintragen lassen,
strafte er sie durch das Losverfahren. Von denen, die noch
nicht fünfunddreißig Jahre alt waren, wurde immer der fünfte,
von den älteren immer der zehnte, wen gerade das Los traf,
seines Vermögens beraubt und für ehrlos erklärt; zuletzt, als
sehr viele auch so noch nicht ihre Pflicht taten, wurden einige
hingerichtet. Nachdem er aus den schon Ausgedienten und
Freigelassenen möglichst viele durch das Los ausgehoben
hatte, schickte er sie sofort schleunigst unter Tiberius nach
Germanien. Da aber in Rom zahlreiche Gallier und Germanen
lebten, teils als Fremde, teils als Soldaten der Leibwache,
fürchtete er, sie könnten sich empören; deshalb schickte er
einen Teil auf verschiedene Inseln und befahl den anderen,
ohne Waffen die Stadt zu verlassen.

24. So verfuhr Augustus damals; von dem, was sonst üblich
war, geschah nichts; auch die Feste wurden nicht gefeiert. Als

er aber danach hörte, daß einige von den Soldaten sich gerettet hatten, daß Germanien besetzt war, daß der Feind nicht einmal an den Rhein heranzurücken gewagt hatte, schwand sein Entsetzen und die ruhige Überlegung kehrte zurück. Denn nicht ohne Zorn der Götter, schien es ihm, sei jenes Leiden in solcher Größe und so mit einem Schlag hereingebrochen; auch wegen der Wunderzeichen, die sich vor der Niederlage und nachher gezeigt hatten, blickte er mit schwerer Sorge und Zweifel auf die Gottheit. Denn der Tempel des Mars auf dem Marsfeld war vom Blitz getroffen; viele Heuschrecken, die bis in die Stadt hineinflogen, waren von den Schwalben gefressen worden; man hatte gesehen, wie die Gipfel der Alpen aneinander stießen und drei Feuersäulen daraus aufstiegen; an vielen Punkten schien der Himmel feurig; Kometen ließen sich in Menge auf einmal sehen; man sah Speere vom Norden her auf das römische Lager losfliegen; Bienen legten Wachsscheiben auf die Lageraltäre; eine Bildsäule der Victoria, die in Germanien stand, das Angesicht dem Feinde zugewandt, drehte sich um, nach Italien hin; einmal war es im Lager um die Adler auf ein leeres Gerücht hin, als wären die Barbaren eingedrungen, zwischen den Soldaten zu Kampf und Handgemenge gekommen.

So ging es damals zu.

25. Als Marcus Aemilius und Statilius Taurus Konsuln waren[23], machten Tiberius und der Prokonsul Germanicus einen Einfall in Germanien und durchzogen dort einige Landstriche; dennoch siegten sie weder in einer Schlacht, denn es wurde niemand mit ihnen handgemein, noch unterwarfen sie irgend eine Vökerschaft. Aus Furcht nämlich, wieder in das Verderben zu geraten, entfernten sie sich nicht weit vom Rhein, sondern kehrten zurück, nachdem sie dort bis zum Herbst geblieben waren.

---

[23] 11 n. Chr.

Römische Geschichte 57, 5-6 und 18

Germanicus erobert die Feldzeichen des Varus zurück

5. Die Soldaten in Germanien aber, die dort des Krieges wegen
in großer Anzahl versammelt waren[24] und sahen, daß Germanicus auch ein Caesar war und ein weit besserer als Tiberius,
beachteten keinerlei Maß; unter gleichen Vorwänden[25] stießen
sie Schimpfreden aus gegen Tiberius und boten Germanicus
die höchste Macht an. Als aber jener, nachdem er viel geredet
und doch nicht vermocht hatte, sie zur Ruhe zu bringen,
zuletzt das Schwert zog, als sei er sogar entschlossen, sich
selbst zu töten, da erhob sich ein lautes Wehgeschrei; und einer
von ihnen rief, sein eigenes Schwert emporhaltend: »Nimm
dieses, denn es ist schärfer!« Germanicus, der nun sah, wie
weit es gekommen war, wagte nicht, sich zu töten, teils aus
anderen Gründen, teils weil er erwarten konnte, sie würden
darum nicht weniger am Aufstand festhalten. Statt dessen
faßte er einige Schreiben ab, als ob sie von Tiberius geschickt
wären, verdoppelte den Soldaten das Geschenk, das Augustus
in seinem Testament angeordnet hatte, gleichfalls, als ob es
von jenem käme, und entließ die, die über das Dienstalter
hinaus waren. Die Mehrzahl von ihnen bestand aus dem Stadt-
pöbel, den Augustus nach Varus' Mißgeschick mit ausgehoben
hatte. Damals nun machten sie auf diese Weise ihrer Empörung
ein Ende. Später aber, da einige Senatoren als Gesandte von
Tiberius kamen, mit denen dieser im geheimen nur eben das
besprochen hatte, wovon er Germanicus in Kenntnis gesetzt
wissen wollte – denn er wußte wohl, daß sie jedenfalls dem
Germanicus alle seine Gedanken mitteilen würden, und wollte

---

[24] 14 n. Chr.
[25] Wie das pannonische Heer; vgl. Tacitus, Annalen I, 60.

nicht, daß sie oder Germanicus außer diesen, die er ihnen mitgeteilt, noch irgend weiter an andere denken sollte; als also diese Gesandten kamen, machten die Soldaten wieder Lärm, weil sie Germanicus' List bemerkt hatten und nun argwöhnten, die Senatoren wären dazu da, um seine Anordnungen rückgängig zu machen. Es fehlte nur wenig, und sie hätten einige von den Gesandten getötet. Stürmisch drangen sie auf Germanicus ein und griffen seine Gattin Agrippina und seinen Sohn, die er heimlich irgendwohin in Sicherheit schicken wollte, auf dem Weg auf; sie war eine Tochter des Agrippa und der Iulia, der Tochter des Augustus, den Sohn nannten sie Caius Caligula, weil er, im Lager aufgezogen, statt der Schuhe, wie sie in Rom üblich sind, Soldatenschuhe trug. Die schwangere Agrippina gaben sie ihm auf seine Bitten frei, Caius aber hielten sie fest. – Im Laufe der Zeit wurden sie auch damals wieder ruhig, da sie nichts ausrichteten. Ja es ging eine solche Umwandlung mit ihnen vor, daß sie selbst, ohne Befehl, die Verwegensten unter sich festnahmen und einen Teil davon nach eigenem Gutdünken töteten, die anderen aber dem versammelten Heer vorführten und, je nach der Ansicht der Mehrzahl, die einen umbrachten, die anderen freiließen.

6. Germanicus, der auch so noch fürchtete, daß sie sich wieder empören könnten, fiel in das Land der Feinde ein und blieb dort eine Zeitlang, indem er seinen Soldaten zu gleicher Zeit Beschäftigung und reichlichen Lebensunterhalt aus fremden Mitteln bot. Und er, der wohl imstande gewesen wäre, die höchste Macht an sich zu bringen – denn er war der Gegenstand des Wohlwollens aller Römer insgesamt wie besonders seiner Untergebenen –, wollte es nicht. Tiberius aber lobte ihn wohl deshalb und schrieb häufig in süßen Worten an ihn und auch an Agrippina; über seine Taten jedoch empfand er keineswegs Freude; er fürchtete ihn vielmehr doppelt, da er nun auch die Heere auf seiner Seite hätte. Denn das konnte er freilich nicht glauben, daß er wirklich so dächte, wie er zu denken schien;

war er sich doch selbst bewußt, wie er stets so sprach, aber
anders handelte.

18. Germanicus aber, der den Feldzug gegen die Germanen
mit Glück führte, drang bis an den Ozean vor. Nachdem er
die Barbaren in offener Schlacht besiegt hatte, sammelte und
bestattete er die Gebeine derer, die mit Varus gefallen waren,
und brachte auch die Feldzeichen wieder in seinen Besitz[26].

Römische Geschichte 59, 21-22; 25

Caligula saugt Gallien aus

21. Schon war fast alles Geld in Rom und im übrigen Italien,
wo und wie und durch welche Mittel er (Caligula) es auch
immer in seine Gewalt bringen konnte, aufgezehrt; keine Ein-
kommensquelle, die irgend bedeutend oder auch nur möglich
gewesen wäre, ließ sich auffinden; die Verschwendung aber
drängte ihn immer vorwärts. So brach er nach Gallien auf[27];
zum Vorwand nahm er zwar die Germanen, als regte sich etwas
bei ihnen, seine Absicht aber war, Gallien, ein Land in voller
Blüte des Reichtums, und Spanien auszusaugen. Jedoch kün-
digte er seinen Auszug nicht offen an, sondern begab sich auf
ein Vorwerk, und brach dann plötzlich auf, indem er viele
Tänzer, viele Gladiatoren, Pferde, Weiber und was sonst zum
Luxus gehört, mitnahm. Als er aber dorthin gelangt war, tat
er keinem der Feinde etwas zu Leide, denn sobald er nur ein
wenig jenseits des Rheins vorgerückt war, kehrte er sofort um,
und als er danach einen neuen Anlauf nahm, als wollte er auch
Britannien bekriegen, machte er am Strand des Ozeans kehrt;
ärgerte er sich doch sogar über seine Unterfeldherren, sobald
sie irgend etwas ausrichteten. Den Untertanen aber, den Bundesgenossen, den Bürgern tat er dafür desto mehr und desto
größeres Leid an. –

22. Dennoch brachte er kein Geld zusammen, sondern gab große Summen aus, teils für andere Dinge, wie er es gewohnt war – denn auch einige Schauspiele veranstaltete er zu Lugdunum[28] –, teils für das Heer. Denn zwanzig-, wie andere sagen, fünfundzwanzigtausend Soldaten hatte er beisammen und wurde von ihnen siebenmal – wie es ihm gerade einfiel – zum Imperator ausgerufen, obwohl er in keiner Schlacht gesiegt, keinen Feind getötet hatte. Denn was die Feinde betrifft, so hat er einmal einige wenige durch List gefangengenommen und in Ketten gelegt; von seinen eigenen Leuten aber opferte er eine große Anzahl auf, indem er sie teils einzeln umbringen, teils in ganzen Scharen niederhauen ließ. Denn als er einmal einen Haufen Menschen beisammen sah – mochten es Gefangene sein oder andere Leute –, befahl er nach dem Sprichwort, sie sollten alle »vom Kahlkopf zum Kahlkopf« niedergemetztelt werden.

25. Zu gleicher Zeit rückte er an den Ozean[29], als wollte er auch in Britannien Krieg führen, ließ seine sämtlichen Soldaten am Strand in Reih und Glied treten, bestieg eine Trireme, fuhr ein wenig vom Land weg und kehrte dann wieder um. Danach setzte er sich auf einen hohen Thron, gab den Soldaten die Parole wie zur Schlacht und ließ ihnen durch die Trompeter Mut einblasen. Dann befahl er ihnen plötzlich, Muscheln aufzulesen. Als er diese Beute in Händen hatte – denn Beute brauchte er ja natürlich zum Triumphzug –, war er stolz darauf, als hätte er auch den Ozean geknechtet, und beschenkte die Soldaten reichlich. Diese Muscheln schaffte er dann nach Rom, um auch dort seine Beute sehen zu lassen. Der Senat konnte dabei unmöglich ruhig bleiben, weil er in Erfahrung brachte, daß der Kaiser sehr hoch davon dachte, wußte aber doch auch nicht, wie er ihn preisen sollte; denn wenn man für Taten, die

[28] Lyon
[29] 40 n. Chr.

keinen oder nur sehr geringen Wert haben, großes Lob oder außerordentliche Ehren spendet, so kommt man in Verdacht, als wollte man über sie spotten und sich lustig machen. Trotz aller Vorsicht fehlte wenig daran, daß der Kaiser, als er in Rom eingezogen war, den ganzen Senat töten ließ, weil er keine übermenschlichen Ehrenbezeugungen für ihn angeordnet hatte. Das Volk rief er zusammen und warf von einem hohen Ort viel Silber und Gold unter dasselbe; viele kamen beim Auffangen zu Schaden, denn er hatte, wie einige sagen, scharfe Stücke Eisen darunter gemischt.

Römische Geschichte 60, 8; 20; 30

In Britannien. An Rhein und Mosel

8. Es besiegte in diesem Jahr[30] Galba Sulpicius[31] die Chatten, und Bublius Gabinus, der die Chauker schlug, erwarb sich besonders auch dadurch Ruhm, daß er den letzten Legionsadler, der noch von Varus' Niederlage her in ihren Händen war, mit zurückbrachte. So nahm Claudius wegen der Taten beider den Imperatortitel an und nicht bloß als eine Maske.

20. Als aber in Britannien das Heer an einen Fluß gekommen war[32], von dem die Barbaren glaubten, die Römer würden ihn ohne Brücken nicht überschreiten können, und deshalb am jenseitigen Ufer ohne alle Vorsicht lagerten, schickte Aulus Plautius Germanen aus, deren Sitte es war, mit Leichtigkeit auch durch die reißendsten Ströme mit ihren Waffen zu schwimmen. Diese griffen den Feind wider Erwarten an; auf die

---

[30] 41 n. Chr.
[31] Er war 68/69 n. Chr. römischer Kaiser.
[32] 43 n. Chr.

Feinde selbst hieben sie nicht ein, verwundeten aber die Pferde vor den Streitwagen, so daß, indem die Pferde unruhig wurden, auch die Leute auf den Wagen in Gefahr gerieten. –

Die Britannier zogen sich von da an den Fluß Tamesas[33] zurück, dahin, wo er in den Ozean mündet und bei Eintritt der Flut das Land umher zum Sumpf macht. Sie überschritten ihn mit Leichtigkeit, weil sie die Gegend mit ihren seichten Stellen und Furten genau kannten. Die Römer rückten ihnen nach, auf diesem Weg aber glückte es ihnen nicht. Nachdem jedoch wiederum die Germanen durch den Fluß geschwommen und einige andere etwas weiter stromaufwärts mit Hilfe einer Brücke hinübergekommen waren, warfen sie sich zugleich von vielen Seiten auf sie und hieben viele nieder. Als sie aber den übrigen unvorsichtig nachsetzten, gerieten sie in Sümpfe, aus denen schwer zu entkommen war, und erlitten große Verluste.

30. Cnaius Domitius Corbulo, der in Germanien befehligte[34], rief die Legionen zusammen und brachte, außer anderen Barbaren, auch denen, welche sie Chauker nannten, schwere Verluste bei. Und ihn rief Claudius zurück, als er noch im feindlichen Land stand. Denn da er von seiner Tüchtigkeit und seinem Diensteifer hörte, gestattete er ihm nicht, noch höher sich zu erheben. Als aber Corbulo das vernahm, kehrte er um, indem er nur die Worte ausrief: »Wohl euch, ihr Feldherren der alten Zeit!«, um dadurch anzudeuten, daß es jenen erlaubt war, ungefährdet tapfer zu sein, er selbst aber vom Kaiser aus Mißgunst gehemmt wurde. Der Trimphschmuck wurde ihm auch so noch zuteil. Als man ihm aber wieder das Heer anvertraute, übte er es mit nicht geringerem Eifer und ließ die Soldaten, da Friede war, zwischen Rhein und Mosel einen Graben ziehen, von etwa 170 Stadien, damit nicht die Flüsse, von der Flut des Ozeans zurückgedrängt, das Land überschwemmten.

---

[33] Die Themse
[34] 47 n. Chr.

Römische Geschichte 63, 22-25

*Opposition des Julius Vindex (Gallien) und des
Verginius Rufus (Germanien)*[35]

22. Julius Vindex, seiner Abstammung nach ein Aquitaner aus
königlicher Familie, von väterlicher Seite römischer Senator,
ein Mann von kräftigem Körperbau, verständigem Geist, wohl-
erfahren im Kriegswesen und voll Mutes zu jeder großen Tat,
durch und durch von Liebe zur Freiheit und Ehre beseelt,
verwaltete damals[36] Gallien. Dieser Vintex rief die Gallier
zusammen, die durch Nero bei den häufigen Gelderpressungen
viel gelitten hatten und noch litten; dann bestieg er eine Erhö-
hung und hielt eine lange Rede gegen Nero, mit dem Inhalt,
sie sollten abfallen und mit ihm auf Nero losgehen. –

23. Als Vindex so gesprochen hatte, stimmten alle ihm bei.
Doch Vindex suchte nicht für sich selbst die Herrschaft; den
Galba Servius Sulpicius, der sich durch ehrenhafte Gesinnung
und Kriegserfahrung hervortat, damals aber in Spanien befehligte und eine nicht geringe Heeresmacht besaß, bestimmte er
zum Herrscher. Es wird aber erzählt, als Nero zweihundertund-
fünfzig Myriaden Sesterzen demjenigen aussetzte, der den
Vindex töten würde, habe Vindex, als er es hörte, gesagt: »Wer
den Nero tötet und mir seinen Kopf bringt, soll meinen eigenen
zum Lohn dafür erhalten.« Solch ein Mann war Vindex.

24. Verginius Rufus aber, der in Germanien befehligte,
rückte aus, als wollte er gegen Vindex Krieg führen. Als er
aber nach Besontio[37] gekommen war, belagerte er die Stadt;

---

[35] Als Textgrundlage für die letzten, heute verlorenen, Bücher 61-80 dient
der Auszug des Mönches Joannes Xiphilinos aus Trapezunt (2. Hälfte des
11. Jahrhunderts).
[36] 68 n. Chr.
[37] Besancon

angeblich, weil sie ihm die Tore nicht geöffnet hatte. Als aber
Vindex zur Befreiung der Stadt gegen ihn anrückte und nicht
weit von ihm ein Lager aufschlug, gingen Boten zwischen
ihnen beiden hin und her, und zuletzt kam es zwischen ihnen
allein, ohne Beisein eines dritten, zu einer Unterredung; sie
vereinigten sich, wie vermutet wurde, gegen Nero. Danach
rückte Vindex mit dem Heer an, als wollte er die Stadt einneh-
men. Die Soldaten des Rufus merkten, daß sie heranzogen,
und in der Meinung, sie selbst sollten von jenen angegriffen
werden, rückten sie eigenmächtig gegen sie aus. Der Feind,
der nichts in der Art erwartete und ungeordnet war, wurde
überfallen und eine große Anzahl niedergehauen. Als aber
Vindex das gesehen hatte, tötete er sich selbst aus tiefstem
Schmerz. So verhält sich die Sache in Wahrheit; später aber
erwarben sich viele dadurch, daß sie seinem toten Körper
Wunden beibrachten, den eitlen Ruhm, als hätten sie ihn wirklich getötet.

25. Rufus betrauerte ihn tief; die Herrschaft aber wollte er
nicht annehmen, obwohl die Soldaten ihn oft bestürmten...

Römische Geschichte 66, 3; 16

Weitere germanische Aufstände

3. In Germanien brach mehr als eine Empörung aus, deren
Erwähnung mir für meinen Zweck nicht förderlich sein würde;
es begab sich aber dabei etwas sehr Sonderbares[38]. Ein Iulius
Sabinus nämlich, einer der ersten Männer unter den Lingonen,
sammelte sich eine eigene, ihm ergebene Streitmacht und ließ
sich *Caesar* nennen, indem er behauptete, er sei ein Nach-

---

[38] 71 n. Chr.

komme von Iulius Caesar. Nachdem er aber in einigen Schlachten unterlegen war, flüchtete er sich auf ein Landgut und verbarg sich in einem unterirdischen Grabmal, nachdem er das Haus zuvor niedergebrannt hatte. Man glaubte, auch er selbst sei umgekommen. Er aber blieb neun Jahre lang in dem Grab mit seiner Frau verborgen und zeugte mit ihr drei Söhne. Den Aufstand in Germanien unterdrückte Cerialis durch viele glückliche Schlachten. In einer derselben wurde eine solche Menge Römer und Barbaren niedergehauen, daß der vorbeiströmende Fluß durch ihre Leichen in seinem Lauf gehemmt wurde.

16. Jener Sabinus, der Gallier, der sich einst Caesar genannt hatte und in den Krieg gezogen, dann aber unterlegen war und in dem Grabmal sich verborgen hatte, wurde entdeckt und nach Rom gebracht[39]. Es starb mit ihm seine Frau *Peponila*, der er auch wohl seine Rettung verdankte. Obwohl sie ihre Kinder Vespasianus zu Füßen legte und in Mitleid erregenden Worten zu ihm sprach: »Diese Kinder, Caesar, habe ich im Grab geboren und genährt, damit zwei mehr dich um Gnade bitten«, fand sie trotz der Tränen, die sie ihm und den anderen entlockte, doch kein Erbarmen[40].

Römische Geschichte 67, 4-7; 10-11; 16

Domitians Dakischer Krieg

4. Danach[41] unternahm Domitianus einen Feldzug nach Germanien und kehrte wieder zurück, ohne den Feind auch nur einmal gesehen zu haben. Wozu könnte es dienen, hier die

[39] 79 n. Chr.
[40] Bei anderen Autoren heißt sie auch Empona oder Exponina.
[41] 83 n. Chr.

Ehren anzuführen, die ihm und auch anderen ihm ähnlichen Kaisern bei dieser und jeder anderen Gelegenheit erwiesen wurden, nur damit sie nicht argwöhnten, in der geringen Anzahl oder Größe der Ehrenbezeugungen solle ein Hohn gegen sie liegen, und darüber in Zorn gerieten?...

5. Chariomerus, König der Cherusker, war wegen seiner Freundschaft mit den Römern durch die Chatten der Herrschaft beraubt worden. Zuerst sammelte er Gefährten, gewann die Oberhand und kehrte in sein Reich zurück; danach wurde er, da er den Römern Geiseln geschickt hatte, von seinen Gefährten in Stich gelassen und wandte sich nun hilfesuchend an Domitianus. Beistand wurde ihm nicht gewährt, doch er erhielt Geld. Masyus aber, König der Semnonen, und Ganna, eine Jungfrau, die nach Veleda in Germanien als göttliche Weissagerin aufgetreten war, kamen zu Domitianus; nachdem sie ehrenvolle Aufnahme bei ihm gefunden hatten, kehrten sie wieder in die Heimat zurück. In Mösien waren die Lygier mit einem Teil der Sueben in Krieg verwickelt. Sie schickten Gesandte mit der Bitte um Beistand an Domitianus und erhielten eine Hilfsschar, die freilich der Menge nach nicht bedeutend, dafür aber dem Rang nach desto glänzender war. Bloß hundert Ritter nämlich wurden ihnen gewährt. Aus Unwillen darüber verbündeten sich die Sueben mit den Jazygen und machten Rüstungsvorbereitungen, als wollten sie mit ihnen die Donau überschreiten[42].

6. Den bedeutendsten Krieg aber hatten die Römer in dieser Zeit[43] gegen die Daker zu führen. Ihr König war damals Decebalus[44]; denn Duras, der die Herrschaft inne hatte, trat sie freiwillig dem Decebalus ab, weil er ein gewaltiger Mann war, sowohl was Einsicht in das Kriegswesen, als auch was eigene

---

[42] All diese Ereignisse berichtet Dio Cassius für das Jahr 84 n. Chr.
[43] 86 n. Chr.
[44] Letzter bedeutender König der Daker, der 85/86 n. Chr. in Mösien einfiel und das römische Reich bedrohte, bis Trajan 101-106 Dakien unterwarf.

Tatkraft betrifft. Stets wußte er den rechten Augenblick zum
Angriff, stets die rechte Zeit zum Rückzug; voll schlauer Kunst,
wo ein Hinterhalt zu legen, von tapferer Hand, wo eine
Schlacht zu schlagen war; er verstand es trefflich, den Sieg zu
nutzen, trefflich, eine Niederlage folgenlos zu machen. Daher
war er lange Zeit den Römern ein gleichwertiger Gegner.
Daker aber nenne ich das Volk – denn so nennen sie sich,
denke ich, selbst, und so heißen sie bei den Römern –, obwohl
es mir nicht unbekannt ist, daß einige Griechen sie Goten
nennen; mögen sie nun Recht haben oder auch nicht. Denn
ich kenne ein Volk, die Goten, welches jenseits des Hämus an
der Donau wohnt. Domitianus also rückte gegen sie in das
Feld, nahm jedoch an dem Krieg selbst nicht teil, sondern blieb
in einer Stadt Mösiens zurück und trieb schlechte Streiche, wie
gewöhnlich. Denn abgesehen davon, daß er im Körper keine
Kraft, im Herzen keinen Mut hatte, war er der allerüppigste
und wollüstigste Mensch. In den Krieg schickte er andere
Feldherren, meistens mit unglücklichem Erfolg; das Unglück
warf er dann den Herrführern vor. Denn alles Gute, wenn er
auch nichts davon getan hatte, maß er sich bei; für alles Üble,
mochten es auch Folgen seiner eigenen Befehle sein, machte
er andere verantwortlich. Wer glückliche Erfolge erzielte, den
haßte er; wer Unglück hatte, den tadelte er.

7. Mittlerweile faßte er den Entschluß, sich an den Quaden
und Markomannen zu rächen, weil sie ihm keinen Beistand
gegen die Daker geleistet hatten. Er rückte zum Krieg gegen
sie in Pannonien ein; und als sie zum zweiten Mal Gesandte
wegen des Friedens zu ihm schickten, tötete er diese. Von den
Markomannen geschlagen und in die Flucht gejagt, schickte
er Eilboten an den Dakerkönig Decebalus und forderte ihn zu
Friedensunterhandlungen auf, die er doch früher, als jener
wiederholt darum bat, immer zurückgewiesen hatte. Und Decebalus ging, da er hart bedrängt war, auf den Vorschlag ein;
doch wollte er sich nicht selbst mit Domitianus in das Gespräch

einlassen, sondern schickte den Diegis mit anderen Männern, um ihm die Waffen und einige Kriegsgefangene, als wären das die einzigen, die er hätte, zu übergeben. Als das geschehen war, krönte Domitianus den Diegis mit einem Diadem, als ob er in Wahrheit gesiegt und die Macht hätte, den Dakern einen König zu geben. Den Soldaten erteilte er Ehren und Geldgeschenke; nach Rom schickte er, als Sieger, unter anderem Gesandte des Decebalus und ein Schreiben, wie er vorgab, von eben jenem; es hieß aber, er habe es selbst erdichtet.

10. Im dakischen Krieg ereigneten sich auch folgende merkwürdige Begebenheiten. Julianus, den der Kaiser zum Anführer in diesem Krieg gemacht hatte, traf viele gute Einrichtungen; unter anderem befahl er den Soldaten, sie sollten sowohl ihre eigenen als ihrer Centurionen Namen auf ihre Schilde schreiben, damit jeder, der sich im Guten oder Bösen hervortäte, leichter zu erkennen wäre. Als er bei Tapae auf die Feinde stieß, tötete er sehr viele. Unter ihnen war auch Vezinas, der die zweite Stelle nach Decebalus einnahm; da er lebend nicht entkommen konnte, fiel er absichtlich nieder, als wäre er tot; so blieb er unbemerkt und entfloh in der Nacht. Decebalus, der nun fürchtete, die Römer könnten, da sie ja gesiegt hatten, auch gegen seine Königsburg anrücken, ließ die Bäume, von denen sie umgeben war, abkappen und behängte dann die Stämme mit Waffen, damit die Römer, indem sie sie für Soldaten hielten, in Furcht gerieten und umkehrten. So geschah es auch.

11. Antonius aber, der in Germanien befehligte, empörte sich zu dieser Zeit[45] gegen Domitianus; er wurde von Lucius Maximus überwältigt und getötet. Dieser ist des Sieges wegen nicht gerade sonderlich hoch zu loben, denn es hat ja auch wohl schon mancher andere wider Erwarten gesiegt, und die Soldaten taten ja auch das Ihrige dazu; daß er aber alle Briefe,

---

[45] 88 n.Chr.

die er in Antonius' Briefkasten fand, in das Feuer warf und
sein eigenes Leben daran setzte, daß nur niemand durch sie
eine Beute der Sykophanten würde, wie ich ihm dafür ein
würdiges Denkmal singen soll, weiß ich nicht.

16. Das Allerwunderbarste ist folgendes: Ein Larginus Proclus prophezeite öffentlich in Germanien[46], daß Domitianus
an dem Tag sterben würde, an dem er wirklich starb. Er wurde
von dem Befehlshaber nach Rom geschickt und zu Domitianus
geführt; auch da sagte er, daß es so geschehen werde. Das
Todesurteil wurde über ihn gesprochen, doch wartete man mit
der Vollstreckung; er sollte erst hingerichtet werden, wenn
jener die Gefahr überstanden hätte. Unterdessen wurde Domitianus ermordet; Proclus war gerettet und erhielt von Nerva
zehn Myriaden Drachmen.

[46] 96 n. Chr.

APPIAN

Appianos (2. Jahrhundert n. Chr.) stammte aus Alexandria. Er war zunächst als höherer Beamter in Alexandria tätig; unter Hadrian wurde er römischer Bürger und Ritter. Er wurde Advokat und später Procurator Augusti in Ägypten. Er schrieb eine »Römische Geschichte« (Ρωμαϊκά) in 24 Büchern, von denen knapp die Hälfte erhalten sind.

Römische Geschichte 13

Teutonen

13. Eine große Schar Teutonen war beutegierig in das Land der Noriker eingedrungen, daher besetzte der römische Konsul Papirius Carbo aus Angst, sie würden auch Italien überfallen, den Alpenpaß, an dem der Übergang ganz besonders eng war[1]. Da aber die Gegner nicht angriffen, zog er ihnen selbst entgegen und beklagte sich, daß sie in das Gebiet der Noriker, Freunde der Römer, eingefallen seien. Es war nämlich Taktik der Römer, andere Völker zu Freunden zu machen, denen sie zwar die entsprechende Bezeichnung verliehen, nicht aber als Bundesgenossen Hilfe leisten mußten. Als nun Carbo heranrückte, schickten die Teutonen Gesandte zu ihm mit der Erklärung, sie hätten von dem freundschaftlichen Verhältnis der Noriker zu den Römern nichts gewußt und wollten sie in Zukunft unbehelligt lassen. Der Konsul sparte den Gesandten gegenüber nicht mit Lob und gab ihnen sogar Führer mit auf die Heimreise, befahl diesen aber heimlich, mit den Barbaren einen Umweg einzuschlagen. Er selbst zog unterdessen eilends auf einem kürzeren Weg heran und griff die Teutonen unvermutet an, die noch rasteten. Doch er büßte für seine Treulosigkeit mit schweren Verlusten. Vielleicht hätte er sogar sein ganzes Heer verloren, wenn nicht noch während des Kampfes Dunkelheit und ein Gewitterregen mit furchtbaren Blitzschlägen hereingebrochen wären und die Kämpfenden getrennt hätten, so daß die Schlacht durch ein himmlisches Eingreifen beendet wurde. Dennoch konnten sich die Römer nur in kleinen Gruppen in die Wälder flüchten und erst am dritten Tag wieder mühsam sammeln. Die Teutonen aber schlugen den Weg nach Gallien ein.

[1] 113 v. Chr.

Römische Geschichte 16-17

Ariovist

16. Ariovist, der König der jenseits des Rheines wohnenden
Germanen, betrat noch vor Caesars Ankunft das diesseitige
Flußufer und führte Krieg gegen die Haeduer, Freunde der
Römer. Damals nun beugte er sich dem römischen Befehl, zog
sich aus dem Land der Haeduer zurück und bat darum, Freund
der Römer zu werden. Dies geschah dann auch, als Caesar
selbst das Konsulat bekleidete und für den Antrag stimmte[2].

17. Nachdem der Germanenkönig Ariovist ein Freund der
Römer geworden war, traf er zu einem Gespräch mit Caesar
zusammen. Beide trennten sich, worauf er eine zweite Unterredung wünschte. Caesar jedoch schlug ihm diesen Wunsch ab
und schickte nur einige der führenden Gallier. Diese Gesandten ließ Ariovist in Fesseln legen, und nun rückte Caesar unter
Drohungen ins Feld. Furcht aber ergriff sein Heer wegen des
kriegerischen Rufes der Germanen[3].

Römische Geschichte 18

Usipeter und Tenkterer

18. Die Usipeter, ein germanischer Volksstamm, sowie die
Tenkterer schlugen, wie es heißt, ohne herausgefordert zu sein,
mit ihren eigenen 800 Reitern ungefähr 5000 Reiter Caesars
in die Flucht[4]. Caesar aber hielt ihre Gesandten, die sie darauf-

[2] 59 v. Chr.
[3] 58 v. Chr.
[4] 55 v. Chr.

hin zu ihm schickten, fest und griff sie nun selbst an. Und das Schicksal beider Völker endete mit einer plötzlichen Niedermetzelung von 400 000 Mann. Einer der Geschichtsschreiber berichtet, daß Cato[5] im römischen Senat forderte, Caesar solle wegen dieses Frevels, den er während laufender Verhandlungen verübt habe, an die Barbaren ausgeliefert werden. In seinen eigenen Niederschriften seiner täglichen Taten dagegen erklärt Caesar, daß die Usipeter und auch die Tenkterer den Befehl zur Rückkehr in ihre alten Wohnsitze erhalten und daraufhin bemerkt hätten, ihre Gesandten seien auf dem Weg zu den Sueben, von denen sie vertrieben worden seien, und nun warteten sie auf deren Antwort. Als diese Verhandlungen noch im Gange waren, hätten die Barbaren mit ihren 800 Reitern angegriffen und dabei die 5000 römischen Reiter in die Flucht geschlagen. Bei einer zweiten Gesandtschaft, die den Vertragsbruch aufklären sollte, habe er einen ähnlichen Betrug vermutet und sei, ohne zu antworten, zum Angriff übergegangen.

---

[5] Marcus Porcius Cato Uticensis, 95-46 v. Chr., Philosoph und bedeutender römischer Staatsmann, Gegner Caesars.

PTOLEMAIOS

Klaudios Ptolemaios, 2. Jahrhundert n. Chr. (nach 83 bis nach 161), aus Ptolemais; griechischer Mathematiker, Astronom, Geograph und Astrologe, wirkte in Alexandria.

Er faßte die früheren Werke griechischer Astronomen in einer »Großen Zusammenstellung (Μεγάλη oder Μεγίστη σύνταξις)« zusammen, schrieb das maßgebende Werk für die Astrologie »Tetrabiblos« und verfaßte eine »Einführung in die Geographie (Γεωγραφικὴ ὑφήγησις)« mit den ältesten Erwähnungen der Friesen, Langobarden, Sachsen und der Sudeten, ein Buch, das trotz mancher Irrtümer das Standardwerk bis in die Neuzeit war. Weitere Werke beschäftigen sich mit Harmonik, Optik und Erkenntnistheorie.

Einführung in die Geographie II, II

*Germanische Stammesgebiete**

(...) Es bewohnen aber von Germanien das Gebiet längs des
Rheins, wenn man von Norden beginnt, die kleinen Brukterer
und die Sigambrer, unterhalb von diesen die suebischen Langobarden, dann die Tenkterer und Inkrionen, zwischen dem
Rhein und den Abnoba-Bergen aber ... und ferner Intuerger,
Vangionen und Karitamer. Unterhalb dieser liegt das Gebiet
der Usiper und die Helvetier-Einöde bis zu den genannten
alpischen Bergen[1].

Das Land längs des Ozeans bewohnen jenseits der Brukterer
die Friesen bis zum Fluß Ems. Hinter ihnen sitzen die kleinen
Chauken bis zur Weser, dann die großen Chauken bis zur Elbe,
dann bis zur Landenge der kimbrischen Halbinsel die Sachsen.
Die Halbinsel selbst aber oberhalb der Sachsen bewohnen im
Westen die Sigulonen, dann die Sabalingier, dann die Roban-
der, jenseits von diesen die Chalen und noch jenseits dieser
mehr im Westen die Phunusier, mehr im Osten die Haruden,
am nördlichsten von allen aber die Kimbern. Hinter den Sachsen wohnen vom Fluß Chalusus bis zum Fluß Syebos die
Pharodiner, dann die Sidiner bis zur Oder und jenseits von
ihnen die Rutiklier bis zur Weichsel.

Von den im Binnenland wohnenden Völkern sind die größten

---

* Ptolemaios nennt von germanischen Volksstämmen manche, die sonst nir-
gendwo vorkommen, deren Erwähnung aber sicher auf älteren römischen
Itinerarien (Wegekarten und Routenbücher) beruht, die ihrerseits auf Nachrichten reisender Kaufleute sich stützen. Auch sind hier sicher manche
Namen durch die Abschriften verderbt und für uns nicht rekonstruierbar,
aber auch viele zweifellos unversehrt erhalten, auch solche, die wir sonst
nicht kennen.
[1] d. h. die Schwäbische Alb

das der suebischen Angeilen, die östlicher als die Langobarden wohnen und sich nach Norden bis zur Mitte der Elbe erstrekken, und das der suebischen Semnonen, deren Gebiet sich hinter der Elbe hinzieht, von ihrem genannten Teil (d. h. von ihrem Mittellauf) nach Osten bis zum Fluß Syebos, und das der Burgunder, die das weiterhin sich erstreckende Land, bis zur Weichsel hin, bewohnen.

In kleineren Völkern wohnen zwischen den kleinen Chauken und den Sueben die großen Brukterer, an die die Chaimer angrenzen. Zwischen den großen Chauken und den Sueben die Angrivarier, dann die Langobarden, dann die Dulgubnier. Zwischen den Sachsen und den Sueben die Teutonoarer und Viruner. Zwischen Pharadinern und Sueben die Teutonen und Auarper. Zwischen Rutikliern und Burgundern die Eluaionen.

Andererseits wohnen unterhalb der Semnonen die Silinger[2], unterhalb der Burgunder die iomannischen Lugier, danach die idunischen Lugier bis zum Gebirge Askiburgion, unterhalb der Silinger die Kalukonen auf beiden Seiten der Elbe. Nach ihnen kommen die Cherusker und Chamaver bis zum Berg Melibokon. Im Osten von ihnen in der Elbgegend sitzen die Baginochaimer. Jenseits von diesen die Batiner und noch jenseits von diesen am Fuß des Askiburgiongebirges die Korkonter und die burischen Lugier bis zur Quelle der Weichsel. Unterhalb dieser kommen zuerst die Sidonen, dann die Cotiner, dann die Visburgier jenseits des herkynischen Waldes.

Andererseits wohnen östlich von den Abnobabergen unterhalb der Sueben die Kasuarier, dann die Nertereaner, dann die Lander. Unterhalb von diesen die Turonen und Marvinger. Unterhalb der Chamaver Chatten und Tubanten und jenseits der Sudetenberge die Teuriochaimer. Am Fuß dieser Berge die Naristen. Dann kommt der Gabretawald. Und unterhalb der Marvinger wohnen die Kurionen, dann die Chaituorer und bis

---

[2] Stamm der Vandalen.

zur Donau die Parmaikamper. Am Fuß des Gabretawaldes die Markomannen, unterhalb dieser die Sudianer und bis zur Donau die Adrabaikamper. Am Fuß des herkynischen Waldes die Quaden, unterhalb derer die Eisenbergwerke und der Lunawald liegen, unterhalb dessen ein großes Volk, die Baimer, bis zur Donau wohnen. Ihre Nachbarn längs des Flusses sind die Rakatrier und die Rakater ...

HERODIAN

Herodianos, 3. Jahrhundert n. Chr., stammte aus Syrien und war griechischer Historiker. Er verfaßte eine »Geschichte des Kaisertums nach Marcus (Τῆς μετὰ Μάρκον βασιλίας ἱστορίαι)«, die die ca. 60 Jahre vom Tod des Marc Aurel (180 n. Chr.) bis zu Gordianus III. (238 n. Chr.) umfaßt. Seine Darstellung in attizistisch-rhetorischem Stil besitzt kaum eigenen Wert.

Geschichte des Kaisertums I, 6, 8

Commodus erkauft Frieden von Germanen

(...) Da aber seine Hofleute fortfuhren in ihn zu dringen, so machte er seinen Freunden weiter keine Mitteilung mehr, sondern verteilte durch schriftliche Befehle die Sorge für die Donauufer unter die ihm passend scheinenden Generale mit der Anweisung, die Einfälle der Barbaren zurückzuweisen, und verkündete dann seinen Aufbruch nach Rom. Die Generäle vollzogen, was ihnen aufgetragen war: sie unterwarfen in nicht langer Zeit viele Barbarenstämme durch Waffengewalt und brachten andere durch sehr vorteilhafte Angebote ohne viel Mühe zum Abschluß von Freundschaftsverträgen. Denn die Barbaren sind von Natur geldgierig. Und wie sie, die Gefahren verachtend, sich durch Überfälle und Streifzüge die nötigen Lebensbedürfnisse zu verschaffen suchen, sind sie auch sehr geneigt, sich durch große Geldsummen den Frieden abkaufen zu lassen. Das wußte Commodus[1]; und um sich Sorgenfreiheit zu erkaufen, gab er, da er Geld im Überfluß hatte, alles, was sie forderten.

---

[1] 180-192 n. Chr.

Geschichte des Kaisertums IV, 7, 2

Caracalla macht sich bei Germanen beliebt

Mitten unter solchen Taten entschloß er[2] sich endlich, getrieben
von dem Bewußtsein seiner Schandtaten und weil ihm der
Aufenthalt in der Stadt verhaßt geworden war, sich von Rom
fortzubegeben, unter dem Vorwand, die Zustände der Heerla-
ger zu ordnen und die Provinzen zu besichtigen. Er brach von
Italien auf und begab sich an die Ufer des Ister[3], wo er sich
mit der Verwaltung der nördlichen Teile des Reiches zu schaffen
machte, zur Übung seines Leibes sich mit Wettfahren und mit
der Erlegung aller möglichen wilden Tiere beschäftigte und nur
selten Recht sprach, obschon er von Natur mit einem sehr
scharfen Blick für die Erkenntnis des streitigen Gegenstandes
begabt und sehr geschickt war, auf das Gesagte Bescheid zu
erteilen. Auch gewann er sämtliche dort wohnenden Germanen, die er zum Abschluß von Freundschaftsbündnissen bewog;
daraufhin erhielt er von ihnen Hilfstruppen, aus denen er die
tapfersten und kräftigsten Leute für sich auswählte und sie zu
seinen Leibwächtern machte. Oftmals legte er auch wohl den
römischen Kriegsmantel ab und kleidete sich in die Tracht der
Germanen, wobei er sich denn in dem bei den Germanen
üblichen Mantel, mit Silber bestickt, sehen ließ und eine
blonde, nach germanischem Schnitt gestutzte Haarperücke auf
den Kopf setzte. Daran hatten natürlich die Barbaren ihre
Freude und gewannen ihn überaus lieb. Aber auch die römischen Soldaten hatten ihre Freude an ihm, hauptsächlich wegen
der großen Geldgeschenke, die er verschwenderisch unter ihnen ausschüttete, und weil er alles wie ein gemeiner Soldat

---

[2] Caracalla, 212-217 n. Chr.
[3] Donau

mitmachte und, wenn es einen Graben zu graben gab, immer mit dem Spaten voran war oder, wenn eine Brücke zu schlagen oder eine Schlucht zu dämmen war, mit einem Wort überall, wo es Arbeit für Hände und Körper gab, stets voran war. (...)

Geschichte des Kaisertums VI, 7, 2

Furcht des Alexander Severus vor Germanenkrieg

Während er[4] nun aber dachte, daß der friedliche Zustand der Dinge in Persien ihm Ruhe lassen und daß die Barbaren Erholung und Zeit bedürfen würden, um ihr Heer wieder auf die Beine zu bringen, das einmal aufgelöst, wie es war, nicht leicht wieder versammelt werden konnte, weil es keine geordnete und stehende Truppe, sondern mehr ein Volksschwarm als ein Kriegsheer ist, welches an Lebensmittelvorräten auch nur soviel besitzt, als jeder einzelne für seinen besonderen Bedarf bei seiner Ankunft mitbringt, und sie sich auch nur schwer und widerwillig von den zurückgelassenen Kindern und Weibern und von ihrer Heimatgegend trennen: – da plötzlich erschreckten Boten und Briefe den Alexander und stürzten ihn in eine viel größere Sorge, indem ihm die mit der Statthalterschaft von Illyrien betrauten Feldherren meldeten: die Germanen hätten Rhein und Donau überschritten, verwüsteten das römische Reichsgebiet, bestürmten mit großer Heeresmacht die an den Ufern befindlichen Standlager, Städte und Dörfer, und brächten auch die illyrischen an Italien grenzenden Völkerschaften in nicht geringe Gefahr; es bedürfe demnach seiner eigenen persönlichen Anwesenheit und des gesamten bei ihm befindlichen Heeres. Diese Nachrichten erschreckten natür-

Alexander Severus, 222-235 n. Chr.

lich den Alexander, und nicht minder wurden seine bei ihm
befindlichen illyrischen Truppen davon schwer betroffen, die
sich von doppeltem Unglück heimgesucht sahen, einmal von
dem, was sie im Kampf gegen die Perser gelitten, und jetzt,
wo jeder einzelne erfuhr, daß seine Angehörigen daheim von
den Germanen zugrunde gerichtet seien. Kein Wunder, daß
sie unwillig wurden und dem Alexander vorwarfen, daß er den
Orient durch seine Sorglosigkeit oder Feigheit preisgegeben
und daß jetzt auch der Norden unter seinem Zaudern und
Zögern leide. In der Tat aber war dem Alexander selbst und
seinen um ihn befindlichen Freunden bereits für Italien selbst
bange. Denn die Gefahr von seiten der Perser erschien ihnen
ohne Vergleich geringer, als die von seiten der Germanen. Die
Völker nämlich, die die östlichen Gegenden bewohnen, sind
durch weite Länder und große Meeresstrecken so weit vom
Land der Italer getrennt, daß sie dasselbe kaum von Hörensa-
gen kennen. Die illyrischen Völkerschaften dagegen, eingeengt
auf einen schmalen Landstrich und nur einen unbedeutenden
Teil des römischen Gebiets innehabend, lassen die Germanen
fast als Grenznachbarn der Italioten erscheinen.

So befiehlt er denn ungern und widerwillig, aber von der
Notwendigkeit gezwungen, den Ausmarsch zum Feldzug. Er
ließ nur soviel Truppen zurück, als er für ausreichend hielt, um
die römischen Ufergrenzen zu decken, verstärkte die Befesti-
gungswerke der Kastelle und versah sie mit der bestimmten
Besatzung und zog eiligst mit der übrigen Hauptmacht persönlich gegen die Germanen. Nachdem er den Weg in Gewaltmär-
schen zurückgelegt hatte, nahm er Stellung an den Ufern des
Rheins und traf Anstalten, die Feindseligkeiten gegen die Germanen zu beginnen. Er ließ von einem Ufer zum andern
Fahrzeuge in den Strom bringen und aneinander befestigen,
zu dem Zweck, durch eine Schiffbrücke seinen Soldaten den
Übergang zu erleichtern. Es sind dies nämlich die größten
Ströme, welche in den nördlichen Gegenden fließen, der Rhein

und die Donau, von denen jener an den Gebieten der Germanen, diese an dem der Pä'oner[5] vorbeifließt. Sie haben som-
mers ein schiffbares Strombett wegen ihrer Tiefe und Breite,
während man winters, wenn sie durch die Kälte gefrieren, mit
Pferden und Wagen wie über festes Land darüber hinfahren
kann. Ja, so widerstandsfähig und fest wird das sonst flüssige
Element, daß es nicht nur nicht unter den Hufen der Pferde
und unter den Füßen der Menschen einbricht, sondern daß
auch die, die Wasser schöpfen wollen, dazu nicht Eimer oder
sonst hohle Gefäße anwenden, sondern Beile oder Haken,
womit sie Stücke aushauen und so das Wasser ohne Gefäß wie
einen Stein aufnehmen und wegtragen[6]. So also ist die natür-
liche Beschaffenheit dieser Flüsse.

Alexander, der sehr viele Maurusier und eine große Anzahl
Bogenschützen aus dem Orient und aus dem Land der Osroe-
ner mit sich gebracht hatte, setzte dieselben, sowie auch diejenigen parthischen Schützen, welche teils als Überläufer, teils
durch reichen Sold angelockt ihm gefolgt waren, in Bereit-
schaft, um sie den Germanen entgegenzustellen. Denn gerade
diese Truppengattung macht jenen am meisten zu schaffen, da
die Maurusier ihre Wurfspieße aus sehr weiter Ferne schleudern
und ihre Angriffe und Rückzugsbewegungen mit großer Leichtigkeit ausführen, während die Bogenschützen die unbedeckten Köpfe und langgestreckten Leiber der Feinde mit großer
Geschicklichkeit und aus großer Entfernung für ihre Pfeile
zum Ziel nahmen ... ja, selbst in geordneter Schlacht, Mann
gegen Mann, versuchten sie (die Germanen), die Römer im

---

[5] Gemeint ist Pannonien an der Süddonau.
[6] Die ausführliche Schilderung ist darum interessant, weil sie einen Hinweis
   darauf gibt, für welches Publikum Herodian schrieb. Es kann kaum das
   Publikum Roms gewesen sein, denn dies war vertraut mit solchen Erscheinungen wie Eis und zugefrorenen Flüssen. Herodian schrieb wohl eher für
   ein griechisches und griechisch-sprechendes Publikum der östlichen Provinzen.

Kampf zu bestehen, und zeigten sich ihnen wiederholt gewachsen[7].

In dieser Lage befand sich Alexander. Dennoch ergriff er den Ausweg, eine Gesandtschaft an sie abzuschicken und Friedensunterhandlungen mit ihnen anzuknüpfen. Er versprach ihnen, alle ihre Forderungen zu bewilligen und an Geld nicht zu sparen. Das letztere nämlich überredet die Germanen am leichtesten, weil sie geldgierig sind und den Frieden den Römern immer für Gold verhökern. Deshalb versuchte Alexander lieber den Frieden von ihnen zu erkaufen, als sich den Wechselfällen des Krieges auszusetzen. Seine Soldaten jedoch waren damit übel zufrieden, weil sich die Sache ohne Resultat in die Länge zog und Alexander auch keinen Zug von kriegerischer Tapferkeit und von Eifer für den Krieg zu sehen gab, sondern sich dem Wettfahren und sonstigen Genüssen und Vergnügungen hingab, während es seine Pflicht gewesen wäre, ins Feld zu ziehen und die Germanen für ihre Frechheiten zu züchtigen. (...)

Geschichte des Kaisertums VII, 1, 5 und 2, 1-9

Maximus Thrax rüstet gegen die Germanen. 236 n. Chr.

(...) Noch mehr aber reizte seine[8] Grausamkeit und seinen Zorn gegen alle Welt die Entdeckung einer gegen ihn angezettelten Verschwörung, in welcher viel Centurionen und fast alle Senatsmitglieder verwickelt waren. Es war da ein gewisser

---

[7] An dieser Stelle weist der Text eine Lücke auf. Es fehlt der Bericht über den Beginn der Kriegshandlungen und die Erfolge, nur der Schluß ist erhalten.

[8] Maximus Thrax, einer der Soldatenkaiser, führt 238 n. Chr. Krieg gegen die Germanen.

Magnus, ein Patrizier und gewesener Konsul; dieser wurde angeklagt, daß er Mannschaft gegen ihn sammle und hin und wieder Soldaten dafür zu gewinnen suche, daß sie ihm die Herrschaft übertrügen. Der Plan, hieß es, sei folgendermaßen entworfen. Maximinus, der die Schiffbrücke vollendet hatte, stand im Begriff, gegen die Germanen über den Strom zu gehen. Er hatte nämlich gleich nach seinem Regierungsantritt die kriegerischen Unternehmungen begonnen, und da jedermann glaubte, daß er wegen seiner Körpergröße, seiner soldatischen Tüchtigkeit und Kriegserfahrung zum Herrscher erwählt sei, so suchte er diesen Ruf und diese Meinung der Soldaten durch die Tat zu bestätigen und ließ es sich angelegen sein, den Beweis zu führen, daß Alexanders Zaudern und Feigheit in kriegerischen Unternehmungen mit Recht bestraft worden sei. Er übte und exerzierte daher seine Truppen unaufhörlich, wobei er immer selbst bewaffnet war und das Heer anfeuerte. Jetzt also hatte er die Schiffbrücke vollendet und war im Begriff, gegen die Germanen überzusetzen. Nun hieß es, Magnus habe eine nicht geringe Anzahl Soldaten, und zwar Kerntruppen und ganz besonders die, welche die Besatzung und Deckung der Brücke bildeten, dazu überredet, dem Maximus nach dem Übergang durch Abbrechen der Schiffbrücke den Rückzug abzuschneiden und ihn dadurch den Barbaren in die Hände zu liefern. Denn bei seiner Breite und Tiefe war der gewaltig flutende Strom, sobald die Brücke abgebrochen war, unpassierbar, da es auf dem feindlichen Ufer keine Schiffe gab.

So also lautete das Gerücht von der entdeckten Verschwörung, mochte dasselbe nun wirklich wahrheitsgemäß oder von Maximus geschmiedet worden sein. Jedenfalls ist es nicht leicht, darüber ins klare zu kommen, da die Sache ununtersucht blieb; denn ohne sie einem Gericht zu übergeben und Verteidigung zu gestatten, ließ er alle, die er in Verdacht hatte, augenblicklich festnehmen und schonungslos umbringen. (...)

Geschichte des Kaisertums VII, 2

Kämpfe in den germanischen Sümpfen

Nachdem er das im vorigen Erzählte abgemacht hatte, zog er
sein ganzes Heer zusammen, überschritt furchtlos die Rhein-
brücke und war eifrig dahinter her, den Germanen eine
Schlacht zu liefern. Er hatte allerdings eine gewaltige Truppen-
masse, ja fast die gesamte Kriegsmacht der Römer bei sich,
darunter eine große Anzahl maurusischer Speerschleuderer,
osroenischer und armenischer Bogenschützen, die teils Untertanen, teils Freunde und Bundesgenossen waren, ferner eine
Anzahl Parther, die teils durch Geld gelockt als Überläufer,
teils infolge der Gefangennahme als Kriegsgefangene im römischen Heere dienten. Diese Massen Kriegsvolk waren bereits
früher von Alexander[9] zusammengezogen, von Maximinus
aber noch verstärkt und gehörig zum Kriegsdienst eingedrillt
worden. Besonders gelten die Speerwerfer und Bogenschützen
als geeignet zu den Kämpfen gegen die Germanen, weil sie
sich mit Leichtigkeit auf den nichts vermutenden Feind werfen
und sich ebenso gewandt zurückziehen. Indessen war Maximinus nach seinem Einrücken in Feindesland eine große Strecke
weit vorgedrungen, ohne daß sich ihm jemand in den Weg
stellte, vielmehr hatten sich die Barbaren zurückgezogen. So
verwüstete er denn die Gegend weit und breit, zumal da die
Saaten der Reife nahe waren, steckte die Dörfer in Brand und
überließ sie seinem Heer zur Plünderung. Sehr leicht nämlich
verzehrt dort das Feuer selbst die Städte, die sie haben, nebst
allen Wohngebäuden. Denn während bei ihnen an Bruchstei-
nen und gebrannten Backsteinen Mangel ist, haben sie reichlich Waldungen, besitzen daher Überfluß an Holz und schlagen

---

[9] Alexander Severus

sich deshalb ihre zeltartigen Wohnungen aus aneinander befestigten und ineinander gefügten Balken zusammen.

Maximinus drang also in der vorher angegebenen Weise weit vor, überall Raub und Beute wegführend, wobei er dem Heer die jeder Abteilung in die Hände geratenen Viehherden überließ. Die Germanen ihrerseits hatten sich zwar von den freien Ebenen und überall, wo die Gegend waldfrei war, zurückgezogen, dagegen hielten sie sich in den Wäldern versteckt und hielten sich in der Nähe der Sümpfe auf, um von dort aus ihre Angriffe und Ausfälle zu machen, weil hier die Dichtheit des Waldes ihnen Schutz vor den Pfeilen und Wurfspeeren der Feinde gab und die Tiefe der Sümpfe den Römern wegen ihrer Unkenntnis des Terrains gefährlich werden mußte, während es ihnen, bei ihrer Kenntnis der Gegend, durch die sie genau wußten, wo es ungangbar war und wo der Boden standhielt, ein leichtes war, höchstens bis ans Knie benetzt durchzukommen. Dazu sind sie auch sehr geübt im Schwimmen, da ihr einziges Bad ihre Flüsse sind.

In jenen Gegenden nun ereigneten sich vorzugsweise die Treffen; und hier war es, wo auch der Kaiser persönlich auf das tapferste einmal den Kampf begann. Bei einem großen Sumpf, in den sich die Germanen zurückzogen, während die Römer zur Verfolgung dahin einzudringen zauderten, warf Maximimus sich zuerst mit seinem Pferd in den Sumpf, obgleich das Wasser dem Pferd bis über den Bauch ging, und hieb die Widerstand leistenden Barbaren nieder, so daß das übrige Heer, das sich schämte, den für die Seinen kämpfenden Kaiser im Stich zu lassen, sich gleichfalls ein Herz faßte und ihm nach in die Sümpfe eindrang, wobei eine große Menge Menschen auf beiden Seiten fiel. Auf römischer Seite[10] . . .; auf seiten der Barbaren dagegen fast die gesamte dort vereinte Streitmacht,

---

[10] Die Lücke an dieser Stelle des Textes enthielt wohl die Angabe der Verluste der Römer.

wobei der Kaiser vor allen Wunder der Tapferkeit verrichtete,
sodaß der Sumpf sich mit Leichen füllte und das mit Blut
vermischte Wasser des Sees dem eine Landschlacht schlagen-
den Heer den Anblick einer Seeschlacht gewährte.

LIBANIOS

Libanios, 4. Jahrhundert n. Chr., der berühmteste Redner seiner Zeit, stammte aus Antiocheia in Syrien. Er gründete eine
Rhetorenschule in Konstantinopel, die er später nach Nikomedeia und dann nach Antiocheia verlegte. Von seinen erhaltenen
Werken (Reden, Übungsstücke, Briefe u. a.) sind durch ihre
persönliche Färbung die beiden Schriften bemerkenswert, die
Gestalt und Taten des Kaisers Julian feiern und heftige Attakken gegen das Christentum enthalten.

Rede XVIII: Grabrede auf Julian

Alemannenschlacht bei Straßburg. 327 n. Chr.

54. Es wurde beschlossen, daß die Kavallerie auf beiden Seiten aufgestellt werden sollte, mit der Infanterie in der Mitte, und eine Auswahl der Reiter- und Fußtruppen sollte mit dem Kaiser[1] auf der rechten Seite stehen. Diese Aufstellungen sollten dem Feind verborgen bleiben, doch durch den Verrat einiger Überläufer konnten sie nicht geheim gehalten werden. Der Feind begann mit der Überquerung[2], und obwohl der Kaiser ihn daran hätte hindern können, wollte er dies nicht tun und auch keinen Kampf durch einen Angriff auf eine kleine Abteilung ihrer Streitkräfte beginnen. Dennoch, als der Feind 30 000 (Mann) zählte, kam er herunter, um ihm zu begegnen, bevor noch viel mehr kommen konnten; denn, wie später entdeckt wurde, hatten die Feinde beschlossen, keinen ihrer waffenfähigen Männer zu Hause zurückzulassen.

55. Beide Aspekte seiner damaligen Strategie waren erwähnenswert; zuerst seine Weigerung, die Vorhut anzugreifen, zweitens seine Weigerung, sich mit der Gesamtheit der Feinde einzulassen, denn das erste war nur von geringer Bedeutung,

---

[1] Flavius Claudius Julianus, römischer Kaiser 361-363; er wurde von der christlichen Kirche Apostata, der Abtrünnige, genannt, da er sich vom Christentum lossagte und eine vom Neuplatonismus beeinflußte griechisch-römische Religion einführte. Dieser letzte Versuch, den alten Glauben wiederherzustellen, wurde durch Julians Tod im Kampf gegen die Perser beendet.

Er schrieb in griechischer Sprache, erhalten sind u. a. Reden und sein autobiographischer Rechenschaftsbericht »An den Rat und das Volk von Athen«.

Den hier beschriebenen Krieg führte Julian noch in seiner Eigenschaft als General für Kaiser Constantius im Jahre 357 n. Chr.

[2] Überquerung des Rheins.

das zweite von größter Gefahr; das eine wäre ein Zeichen von Furcht, das andere von Unbesonnenheit bei einem General. Daher versuchte er nicht, das Überqueren von viel größeren Truppen als seiner eigenen zu verhindern, doch durch seinen Angriff machte er jeglicher Verstärkung für sie ein Ende[3].

56. Als die Feinde die Aufstellung seiner Truppen erkannten, stellten sie seiner Elite die Tapfersten ihrer eigenen Truppen gegenüber. Auf der rechten Flanke postierten sie eine Hilfstruppe in einem in einem Flußbett versteckten Hinterhalt; ein dichter Vorhang aus Schilf verbarg die Schar, denn der Untergrund war sumpfig. Trotz alledem entgingen sie dem Blick der Römer auf der äußerst linken Seite nicht: Sobald diese sie sahen, erhoben sie den Kriegsruf und stürmten los, vertrieben sie und setzten ihnen nach; und durch dieses Tun brachten sie ungefähr die Hälfte der (feindlichen) Armee durcheinander, da eine Panik die andere erzeugte und von einer Abteilung auf die nächste übergriff.

57. Das Ergebnis war dem Seegefecht zwischen den Korinthern und den Kerkyräern nicht unähnlich. Denn auch hier gewannen und verloren beide Seiten[4]. Der linke Flügel beider Gegner war siegreich, so daß die Kerntruppen um den Kaiser auf der römischen Seite hart durch die Kerntruppen des Feindes bedrängt wurden.

58. Nicht einmal die Standartenträger, die so streng darauf trainiert waren, ihre Posten einzuhalten, behielten ihr gewohntes Benehmen. Sie wichen zurück, und der Kaiser rief laut und wiederholte die Worte des Telamon-Sohnes[5]. Denn dieser sagte den Griechen, daß es für sie keine Rückkehr nach Hause gäbe, sobald ihre Schiffe zerstört seien; und Julian sagte zu diesen

---

[3] Die ausführlichste Schilderung der Schlacht bei Straßburg finden wir bei Ammianus Marcellinus (16. 12.). Libanus' Informationen entstammen Julians Rechenschaftsbericht.
[4] vgl. Thukydides, I, 49.
[5] vgl. Homer, Ilias 15, 501 ff.

Männern, daß – sollten sie geschlagen werden – die Städte ihnen ihre Tore verschließen würden und ihnen niemand Verpflegung geben würde. Schließlich fügte er hinzu, wenn sie fliehen wollten, müßten sie ihn zuerst töten, denn solange er am Leben sei, würde er es nicht zulassen; und er zeigte ihnen diejenigen Barbaren, die vor ihren Verfolgern flohen.

59. Als sie dies hörten und jenes sahen, waren sie beschämt und gleichzeitig ermutigt, und sie wandten sich um und nahmen den Kampf wieder auf. Ihre Schande wurde ausgelöscht, und alle schlossen sich der Verfolgung an, so daß sich sogar die Troßwächter auf der Spitze des Hügels veranlaßt sahen, sich zu beteiligen. Sie stürmten vorwärts, und als ihr Ansturm bemerkt wurde, vermittelten sie den Barbaren eine übertriebene Vorstellung von ihrer Anzahl, so daß niemand mehr bereit war, Widerstand zu leisten.

60. So war das Feld mit den Körpern von 8000 Toten bedeckt, und der Rhein war verborgen durch die Leichen derjenigen, die, weil sie nicht schwimmen konnten, ertranken, während die Inseln im Fluß voll waren von den Leichen der Erschlagenen, denn die Sieger stöberten diejenigen auf, die sich dort in den Wäldern verborgen hatten. Leichen und Waffen, die vom Strom weitergetragen wurden, brachten die Kunde von der Schlacht zu den am weitesten entfernten Barbaren.

61. Doch das Beste von allem war: Während sie die Inseln nach Flüchtigen durchsuchten, fingen sie auf dieser Jagd sogar den Häuptling[6] mit seinen Gefolgsleuten. Ohne ihm seine Bewaffnung zu nehmen, führten sie ihn mit gefesselten Händen als ihren Gefangenen mit, einen großen und schönen Mann, der mit seiner Erscheinung und Ausrüstung jedermanns Aufmerksamkeit erweckte.

62. Die Sonne ging nach dem Anblick einer solchen Tat

---

[6] Lt. Julians Rechenschaftsbericht (279 c, Anm. Marc. 16. 12. 65 ff.) handelt es sich um Chnodomarius.

unter, und der Kaiser unterzog den Häuptling einem Verhör
über seine Taten. Während all der Zeit, in der er sich in seinen
Antworten selbstsicher zeigte, bewunderte der Kaiser ihn, doch
als er, nach einem würdevollen Anfang, aus Furcht um sein
Leben und im Bitten um Gnade, in Unterwürfigkeit endete,
haßte der Kaiser ihn beinahe. Dennoch tat er ihm nichts an,
er legte ihn nicht einmal in Ketten, aus Respekt vor seiner
vergangenen Größe und aus der Überlegung heraus, was ein
einziger Tag bewirken konnte.

(...)

66. Nun hätte jeder andere Mann nach einem so überwältigenden Sieg seine Armee entlassen, sich in seine Hauptstadt
zurückgezogen, seine Augen an Pferderennen und Theatervergnügungen ergötzt und nach geistiger Entspannung gesucht.
Doch nicht er! Um die Standartenträger zu lehren, auf ihrem
Posten zu bleiben, bestrafte er sie, doch er ließ sie am Leben:
Die Aufhebung der Todesstrafe schrieb er seinem Sieg zu[7].
Jenen großen Mann aber, den Häuptling, seinen Gefangenen,
schickte er zu Constantius, damit er ihm selbst die Nachricht
von seinem eigenen Untergang erzählte, denn Julian betrachtete es als seine Pflicht, selbst die Taten zu vollbringen, die
Erfolge jedoch Constantius zuzuschreiben – ein Achilleus, der
seine Beutestücke an Agamemnon abtritt[8].

67. Constantius feierte einen Triumph an seiner Stelle,
spielte sich auf und errang Ruhm durch die Gefahren eines
Anderen[9], denn Julian hatte einen zweiten Häuptling, der sich
dem anderen bei der Invasion zwar angeschlossen, ihm jedoch
vom Kampf abgeraten hatte, mit solchem Schrecken erfüllt,
daß er ihn flüchtend in Constantius' Hände sandte; dieser war
nun, durch Julians Vermittlung, Herr über beide Häuptlinge,

[7] vgl. Zosimos, 3. 3. 11.
[8] vgl. Julians Rechenschaftsbericht, Anm. Marc. 16. 12. 66.
[9] vgl. Ammians bitteren Kommentar, 16. 12. 70.

über den einen durch Kapitulation, den anderen durch Gefangennahme.

68. Doch zurück zu meinem Thema. Sein (Julians) Verhalten war nicht das eines Siegers, dessen Erfolge ihn zu Vergnügen und Nichtstun verleiten. Nachdem er seine Toten begraben hatte, erlaubte er seinen Truppen nicht, die Waffen niederzulegen, obwohl sie es sehr wünschten. Er war der Meinung, daß ihre bisherige Leistung lediglich die Verteidigung ihres eigenen Landes gegen einen Angriff war: Männer von hohen Anlagen sollten sich für das, was sie erlitten haben, rächen. So führte er sie in eine Invasion auf feindliches Territorium, wobei er ihnen erklärte, daß nur noch wenig zu tun sei und daß es mehr eine Vergnügungstour als eine Anstrengung würde, denn die Barbaren wären wie ein verwundetes Tier und würden gleichsam den Gnadenstoß erwarten.

69. Und er täuschte sich nicht: Als seine Armee den Fluß überquerte, versteckten die Barbaren ihre Frauen und Kinder im Wald und versuchten, sich durch Flucht in Sicherheit zu bringen. Er brannte ihre Dörfer nieder und brachte alles zum Vorschein, was sie verborgen hatten, denn der Wald bot ihm keinerlei Hindernis. Sofort erschien eine Gesandtschaft und sprach mit demütigen Worten, die ihrer gegenwärtigen gefährlichen Lage angemessen waren. Sie schlugen vor, daß er hier anhalten, seine Zerstörungen beenden und sie künftig als Freunde behandeln sollte. Und wirklich schloß er einen Waffenstillstand mit ihnen, doch nur für die Dauer des Winters, wenn sie auch ohne einen Waffenstillstand vielleicht eine Atempause hätten erlangen können[10].

70. So groß war die Gnade, die er damals seinem besiegten Gegner gewährte, doch für sich selbst konnte er nicht so viel erwarten: In der Mitte des Winters hatte er es mit 1000 Franken zu tun, für deren Geschmack Schnee und Blüten dasselbe

---

[10] vgl. Amm. Marc. 17.1 und Zosimos, 3.4.

sind[11]. Diese waren damit beschäftigt, einige Dörfer in der Mitte einer verlassenen Verschanzung zu verwüsten. Hier umzingelte er sie und hielt sie eingeschlossen, bis er sie durch Aushungern zur Aufgabe zwang. Danach schickte er sie in Ketten zu seinem Vorgesetzten (Constantius) – ein nie gehörtes Ereignis, denn ihr (d. h. der Franken) Gesetz war es zu siegen oder zu sterben. Trotzdem wurden sie in Ketten gelegt, genau wie die Spartaner bei Sfakteria[12]. Der Kaiser, der sie empfing[13], beschrieb sie als ein Geschenk und gliederte sie in seine eigenen Regimenter ein, im Vertrauen darauf, daß er sich starke Säulen (seiner Macht) errichtete, da jeder Einzelne vielen gewöhnlichen Männern ebenbürtig war.

71. Dies war einer von Julians größeren Erfolgen in diesem Winter; doch es gab noch einen weiteren, nicht weniger bemerkenswerten. Als ein ganzer feindlicher Stamm plötzlich einen Teil der Provinz überrannte, eilte er heran, um sie zusammen mit den in dem bedrohten Gebiet stationierten Truppen aufzulösen, doch auf die Nachricht vom Ansturm, die seiner Ankunft vorausging, vertrieben sie (d. h. die Truppen) den Feind selbst, wobei sie ihm große Verluste zufügten. So war der Kaiser sowohl bei seiner Ankunft wie bei seinem Herankommen gleichermaßen siegreich.

---

[11] D. h. die Franken waren es auch gewöhnt, in der Winterzeit Krieg zu führen.
[12] vgl. Amm. Marc. 17.2 und Thukydides IV, 38.
[13] Hier ist Constantius gemeint.

EUTROP

Eutropius (4. Jahrhundert n. Chr.) schrieb auf Wunsch des Kaisers Valens (364-378 n. Chr.) einen kurzen lateinischen Abriß der Römischen Geschichte (Breviarium ab urbe condita), das die Zeit von Romulus bis zum Tode Jovians (364 n. Chr.) umfaßt. Sein Inhalt besteht hauptsächlich in Kriegsschilderungen und ist in sehr einfacher Sprache gehalten. Das als Schulbuch schnell beliebte Büchlein wurde bereits 380 n. Chr. ins Griechische übertragen.

187

Abriß der Römischen Geschichte VII, 12

Caligula gegen die Germanen

12. Ihm folgte Cajus Caesar mit dem Beinamen Caligula, ein Enkel von Drusus, dem Stiefsohn des Augustus, und des Tiberius selbst[1], ein höchst verbrecherischer und mordlustiger Mensch, der sogar die Schändlichkeiten des Tiberius entsühnte. Er unternahm einen Krieg gegen die Germanen, tat aber, ins Gebiet der Sueven eingerückt[2], nicht Erhebliches. Er lebte mit seinen Schwestern in Unzucht und erkannte die Tochter der einen sogar als sein Kind an. Da er gegen alle mit außerordentlicher Habgier, Grausamkeit und Wollust wütete, wurde er im neunundzwanzigsten Lebensjahr und im dritten Jahr, zehnten Monat und achten Tag seiner Regierung in seinem Palast ermordet[3].

---

[1] Tiberius war nur der Großonkel des Caligula (37-41), denn Caligula war der jüngste Sohne des Germanicus und so der Enkel des Drusus, des Bruders des Tiberius. Den Beinamen Caligula (Stiefelchen) erhielt er nach seinen kleinen Soldatenstiefelchen (caligae), die er bereits als Kind trug.

[2] Hier ist Eutrop im Irrtum. Caligula kam nie ins Land der Sueven. Der Name Sueven bezeichnet eine ganze Gruppe germanischer Stämme, die sich aufgrund ihrer nomadischen Lebensweise vom Nordosten Germaniens allmählich über weite Teile des ganzen Landes verbreitet hatten.

[3] 41 n. Chr.

Abriß der Römischen Geschichte VIII, 2

Germanische Eroberungen Trajans

2. Sein Nachfolger war Ulpius Crinitus Trajanus[4], zu Italica[5] in Spanien geboren, aus einer mehr alten als berühmten Familie; denn sein Vater war der erste in ihr, der das Consulat bekleidete; zum Kaiser aber wurde er bei Agrippina[6] in Gallien ausgerufen. Seine Staatsverwaltung war eine solche, daß er mit Recht allen anderen Regenten vorgezogen wird. Er besaß eine außerordentliche Leutseligkeit und Tapferkeit. Die Grenzen des römischen Reiches, das seit Augustus mehr verteidigt als ansehnlich vergrößert worden war, dehnte er weit und breit aus; er eroberte die Städte Germaniens jenseits des Rheins wieder, unterwarf Dakien nach Besiegung des Decebalus[7] und gründete jenseits der Donau eine Provinz[8] in den Landstrichen, welche jetzt die Thaiphalen, Victoalen und Thervinger inne haben. Diese Provinz hatte einen Umfang von einer Million Schritten[9].

---

[4] 98-117 n. Chr.
[5] Eine römische Landstadt, etwas nordwestlich von Sevilla, am rechten Ufer des Guadalquivir.
[6] Köln
[7] Der Krieg wurde zuerst 101-103 n. Chr. geführt; doch da sich Decebalus wieder erhob, wurden die Kämpfe 105 n. Chr. wiederaufgenommen. Im Jahre 106 n. Chr. endeten die kriegerischen Auseinandersetzungen mit der völligen Unterwerfung und Aufnahme Dakiens ins Römische Reich.
[8] Eben Dakien im Jahre 106 n. Chr.
[9] Das sind etwa 200 Meilen.

Abriß der Römischen Geschichte VIII, 12-13

Markomannenkrieg

12. Seinen Unterricht in der Philosophie empfing er[10] durch
den Apollonius von Chalcedon, seine Kenntnis der griechischen Literatur durch den Sextus von Chaironea, einen Enkel
Plutarchs; in der lateinischen Literatur aber unterrichtete ihn
der so berühmte Redner Fronto[11]. Er behandelte alle Römer
nach gleichem Recht; durch seine hohe Stellung als Kaiser zu
keiner Überhebung seiner selbst hingerissen, zeigte er die
bereitwilligste Freigebigkeit und behandelte die Provinzen mit
außerordentlicher Milde und Schonung. Gegen die Germanen
wurden unter diesem Fürsten glückliche Unternehmungen ausgeführt. Er selbst führte nur einen einzigen Krieg, den Marko-
mannischen[12], aber einen so großen, wie ihn die Geschichte
sonst nicht kennt, so daß man ihn sogar mit den Punischen
vergleicht. Denn er wurde dadurch um so gefährlicher, weil
das gesamte römische Heer zugrunde gerichtet war. Es brach
nämlich unter diesem Kaiser eine so schreckliche Pest aus, daß
nach dem Sieg über die Perser in Rom, ganz Italien und den
Provinzen der größte Teil der Leute und fast sämtliche Truppen
an Entkräftung darniederlagen.

13. Nachdem er also drei Jahre lang ununterbrochen bei

---

[10] Mark Aurel, 161-180 n. Chr.

[11] Marcus Cornelius Fronto, ca. 100-170 n. Chr., gebürtig in Numidien, galt
in seiner Zeit als größter Redner nach Cicero.

[12] Die Markomannen, anfänglich im Rhein-Main-Gebiet ansässig, bewohnten
später große Teile Böhmens und Mährens, mit Marobudum (aller Wahr-
scheinlichkeit nach das heutige Budweis) als Hauptstadt.
Der Krieg, zu dem sich viele Nachbarstämme den Markomannen anschlossen, wurde zuerst 166-175 n. Chr. geführt, flackerte dann im Jahre
178 n. Chr. wieder auf und wurde erst 180 n. Chr. dadurch beendet, daß
Commodus sich den Frieden erkaufte.

Carnuntum[13] verweilt hatte, beendigte er mit großer Anstrengung und Behutsamkeit den Krieg gegen die Markomannen, welchen mit diesen zugleich die Quaden, Vandalen, Sarmaten, Sueven, kurz alle Barbaren unternommen hatten. Er erschlug viele Tausende von Menschen und hielt, als er Pannonien von der Dienstbarkeit[14] befreit hatte, zu Rom abermals[15] einen Triumph, und zwar zusammen mit seinem Sohn Commodus Antonius, den er bereits zum Caesar[16] erklärt hatte.

---

[13] Im oberen Pannonien an der Donau.
[14] Nämlich der Markomannen.
[15] Den ersten hatte er über die Parther gehalten.
[16] So wurde seit Hadrian (117-138) der jeweilige Thronfolger genannt; der regierende Kaiser trug den Titel Augustus.

PHILOSTORGIUS

Philostorgius (ca. 368-433) stammte aus Kappadokien und studierte in Konstantinopel.

Er setzte das Werk des Eusebios (griechischer Kirchenschriftsteller aus Palästina, ca. 260-339) fort und verfaßte eine Kirchengeschichte (Ἐκκλησιαστική ἱστορία) vom Standpunkt eines Arianers, der glaubt, daß Christus nicht der Gottheit des Vaters wesensgleich, sondern ein Geschöpf Gottes ist.

Kirchengeschichte II, 5, 17-18

Urfilas übersetzt die Bibel ins Westgotische

(...) Es wurde gelesen, daß Urfilas[1] sagt, daß zu dieser Zeit von den Skythen jenseits der Donau (die die einen Geten, die anderen Goten nennen) eine große Volksmenge ins römische Reich hinüberkam, da sie wegen ihrer christlichen Religion ihre einheimischen Sitten und Gebräuche vergessen hatten. Die Christianisierung dieses Volkes aber ging so vor sich: Unter der Herrschaft des Valerianus und des Galienus[2] führte ein hartes Schicksal einen Teil der Skythen von jenseits der Donau ins römische Reich, und sie durchstreiften einen großen Teil Europas. Als sie aber nach Asien hinüberzogen, kamen sie nach Galatien[3] und Kappadokien, machten viele Kriegsgefangene, darunter auch solche, die für den Klerus ausgewählt waren, und sie zogen mit reicher Kriegsbeute nach Hause. Doch diese kriegsgefangene und gläubige Schar veränderte, während sie Kontakt zu den Barbaren hatte, nicht wenige von ihnen zur Frömmigkeit und stiftete sie dazu an, das Christentum zu pflegen anstelle des hellenischen Glaubens. Aus dieser Kriegsgefangenschaft stammten auch die Vorfahren des Urfilas, aus kappadokischem Geschlecht, aus einem Dorf namens Sadagolthina nahe der Stadt Parnassos[4]. Dieser Urfilas nun begann den Auszug der Gläubigen[5], eingesetzt als ihr erster

---

[1] Urfilas (auch Ulfilas) wurde etwa 311 n. Chr. nördlich der Donau als Sohn einer Kappadokierin und eines Westgoten geboren.
[2] Valerian (253-260), Gallienus (253-268).
[3] Landschaft in Kleinasien.
[4] An der kappadokisch-galatischen Grenze.
[5] Der Westgotenkönig Athanarich verfolgte die Christen um 350, d. h. ca. 100 Jahre nach der Entführung der Vorfahren Urfilas' aus Kappadokien.

Bischof[6]. Seine Einsetzung aber geschah folgendermaßen: Er
hatte die Führung über das Volk inne in den Zeiten des Kon-
stantin[7] und wurde zusammen mit anderen auf eine Gesandtschaft geschickt (denn auch hier waren die barbarischen Völker
dem Kaiser untertan), und er wurde von Eusebios und anderen
Bischöfen aus dessen Kreis durch Handzeichen aus den Chri-
stianisierten im Gotenland gewählt. Er trug nun Sorge für die
Dinge und wurde zum Erfinder ihrer eigenen Schrift, er über-
setzte alle Schriften in ihre Sprache, außer den Schriften des
Kaisers, weil diese die Geschichte der Kriege beinhalteten, das
Volk aber kriegerisch war und eher eines Zügels für die Kriegs-
lust bedurfte, aber nicht eines Ansporns dazu. Diese Kraft
dazu hatte er, da er sich mit dem Heiligen beschäftigte und
seine Untergebenen zur Verehrung Gottes führte. Der Kaiser
siedelte das freiwillig kommende Volk im Land Mysien[8] an,
weil er jedem freundlich gesonnen war. Und Urfilas hielt er in
so großen Ehren, daß er ihn häufig »unser Moses« nannte. (...)

---

[6] Hier irrt Philostorgius. Denn schon auf dem Konzil zu Nikäa 325 n. Chr.
wird ein Bischof Theophilos von Gothia erwähnt.

[7] Wohl um 337.

[8] Moesien (das heutige Bulgarien).

SYNESIOS

Synesios (ca. 370-413) stammte aus Kyrene und gehörte einer vornehmen, wohl noch heidnischen Familie an. In Alexandreia wurde er in die neuplatonische Philosophie eingeführt und war später um 400 mehrere Jahre lang als Gesandter am Hof von Konstantinopel. 411 wurde er zwar gegen seinen Willen zum Bischof von Ptolemais gewählt, erfüllte jedoch sein Amt mit Hingabe.

Sein Werk »Über das Königtum« war ursprünglich als Rede vor Kaiser Arkadios gehalten worden; daneben verfaßte er etliche andere philosophische Schriften und Reden.

Über das Königtum 1089; 1093; 1096

Charakter der Skythen (Goten)

1089. (...) Es wäre ein Zeichen eines tollkühnen Menschen, (...) diese zahlreiche anders erzogene Jugend (= die gotische) im Land Kriege führen zu sehen und sie nicht zu fürchten. (...)

1093. (...) Wahrhaftig, unter anderen erstaunlichen Themen ist unsere Inkonsequenz nicht das geringste. Es gibt nicht eine Familie, selbst von bescheidenem Wohlstand, die nicht einen skythischen (= gotischen) Sklaven besitzt. Haushofmeister, Konditoren, Mundschenke, soweit die Berufe, die für Skythen (= Goten) reserviert sind. Was die Amtsdiener angeht, die auf ihren Schultern die Tragestühle tragen, die man mieten kann, um auf den Straßen getragen zu werden, es sind keine anderen als die Skythen, eine Rasse von jeher mit größtem Recht dazu qualifiziert, unter die Römer aufgenommen zu werden. Aber daß diese blonden Menschen, behaart wie die Euböer, unter demselben Volk besondere Sklaven und die Herren des Staates sein sollen, das ist das verwirrendste, das außergewöhnlichste Schauspiel. Wenn dies kein Rätsel ist, dann weiß ich nicht, was diesen Namen verdient. (...)

1096. (...) Die Skythen (= Goten) auf der anderen Seite – und das was Herodot darüber sagt[1], können wir nun selbst bestätigen – sind alle von einer krankhaften angeborenen Feigheit. Bei ihnen vor allem wird man sich mit Sklaven versorgen. Sie haben niemals Land besessen, und sie sind es, die den Ausdruck in Umlauf gebracht haben »die Einsamkeit der Sky-

---

[1] Historien I, 105.

then«, denn sie fliehen immer aus ihrem Gebiet. Aus ihren
Gebieten – nach dem Zeugnis von Geschichtsschreibern der
Antike – haben zuerst die Kimmerier sie vertrieben, danach
andere Völker, danach eines Tages die Amazonen, dann unsere
Väter[2], danach die Makedonier (1097). Von einer Seite abgewiesen, kamen sie zur nächsten und umgekehrt. Sie kennen
keinen Frieden, so sehr ihre Verfolger sie auch zu ihren Nachbarn zurückschlagen, und es kommt vor, daß diese plötzlichen
Einfälle sie überraschen und für einige Zeit den Zwist schlich-
ten, wie man es auch in Assyrien, Persien und Palästina sieht.

In unserer Zeit dagegen kommen sie nicht mit feindlichen
Absichten zu uns, sondern eher als Bittstellende, im Zuge einer
neuen Emigration. Und in unserer herzlichen Aufnahme bekommen sie es noch nicht einmal mit der Armee von Rom zu
tun; unser Verhalten war so, wie man es gegenüber Bittstellern
zeigen sollte. Doch diese rohe Rasse gibt uns das zurück, was
man mit Recht erwarten durfte: sie erkühnen sich und haben
für ihre Wohltäter nichts als Undankbarkeit übrig. (...)

---

[2] In diesem historischen Rückblick – und nur hier – unterscheidet Synesios
Rom und das klassische Griechenland, die er ansonsten immer zusam-
menschließt.

PROKOP

Prokopios (ca. 500-562) stammte aus Kaisareia in Palästina. Er machte eine rhetorische und juristische Ausbildung und trat danach in die Dienste des Feldherrn Belisar (Feldherr unter Justinian, 527-565). Er begleitete ihn als Berater (Symboulos) auf fast allen Feldzügen.

Sein Geschichtswerk (»Über die Kriege«) wurde vermutlich von Belisar in Auftrag gegeben. Die acht Bücher handeln von den Kriegen mit den Persern, Vandalen und Goten. Weiter schrieb er über die Bautätigkeit unter Justinian und über das höfische Leben, das er kritisierte.

Prokop wurde zum Stilvorbild für spätere byzantinische Historiker.

Vandalenkrieg I, 5

Die Plünderung Roms durch die Vandalen

5. Geiserich, den nur die reiche Beute lockte, fuhr mit einer großen Flotte nach Italien und bemächtigte sich, ohne auf Widerstand zu stoßen, Roms und des kaiserlichen Palastes. Der Usurpator Maximus wurde von den Römern auf der Flucht gesteinigt und sein Leichnam in Stücke gerissen. Geiserich aber führte Eudoxia mit ihren beiden Töchtern aus der Ehe mit Valentinian, Eudoxia und Placidia, mit sich nach Karthago, außerdem eine ungeheure Menge Goldes und Silbers; er ließ aus dem kaiserlichen Palast alles wegschleppen, mochte es aus Erz oder aus anderem Stoffe sein. Auch den Tempel des Jupiter Capitolinus plünderte er und nahm die Hälfte des Daches mit, das aus bester Bronze gefertigt und stark vergoldet war, so daß es gar prächtig aussah und aller Bewunderung wert war. Ein Schiff, auf dem sich die Bildsäulen befanden, soll er unterwegs verloren haben; mit den übrigen kamen die Vandalen glücklich im Hafen von Karthago an. Die Eudoxia nun vermählte Geiserich mit seinem älteren Sohn Hunerich; Placidia, die mit einem angesehenen Senator, Olybrius, verheiratet war, und ihre Mutter Eudoxia schickte er auf Ansuchen des Kaisers nach Byzanz. Schon aber war hier die Herrschaft des Morgenlandes auf Leo übergegangen, den Aspar zu dieser Würde erhoben hatte, nachdem Marcian gestorben war.

Nun ersann Geiserich Folgendes. Er nahm allen afrikanischen Städten außer Karthago ihre Mauern, damit weder die Einwohner selbst imstande seien, für die Römer Partei zu ergreifen und von einem sicheren Stützpunkt aus einen Aufstand zu erregen, noch ein vom Kaiser gesandtes Heer der

Hoffnung sich hingeben könne, einer festen Stadt sich zu bemächtigen und durch eine hineingelegte Besatzung den Vandalen zu schaffen zu machen. Das schien damals sehr fein ersonnen und die Sicherheit der Vandalen schien dadurch wesentlich erhöht; später aber, als Belisar mit Leichtigkeit die unbefestigten Städte nahm, da lachte man über Geiserichs Vorsorge, und was einst klug genannt worden war, hieß jetzt töricht – die Menschen lieben es ja, die ursprüngliche Absicht nur nach dem späteren Erfolg zu beurteilen. Wenn aber unter der einheimischen Bevölkerung sich jemand durch Ansehen und Wohlhabenheit auszeichnete, so machte ihn Geiserich zum Sklaven und schenkte ihn samt seinem ganzen Besitz an Land und anderen Gütern seinen Söhnen Hunerich und Genzo; sein jüngster Sohn Theodor war bereits ohne jegliche Nachkommenschaft gestorben. Den übrigen Libyern nahm er den größten und besten Teil der Ländereien weg und verteilte sie unter die Vandalen; diese Güter haben bis auf den heutigen Tag den Namen Ackerlose der Vandalen behalten. Die alten Besitzer blieben frei und durften, ganz verarmt, ihren Aufenthalt beliebig wählen. Alle Güter, die Geiserich seinen Söhnen oder andern Vandalen geschenkt hatte, sollten gänzlich steuerfrei bleiben; wo der Boden schlecht war, überließ er ihn den früheren Eigentümern, legte aber so hohe Steuern darauf, daß ihnen vom Ertrag so gut wie nichts übrig blieb. Viele wurden verbannt oder getötet, da mannigfache schwere Klagen gegen sie erhoben wurden – als die schwerste aber wurde betrachtet, daß jemand sein Geld versteckt halte! So blieb den Libyern keine Art von Mißhandlung erspart.

Die Vandalen und Alanen teilte Geiserich in Tausendschaften ein, an deren Spitze er nicht weniger als 80 Obersten stellte, Chiliarchen genannt, damit es den Anschein gewinne, als ob sein Heer aus 80000 Mann bestehe. Die Menge der Vandalen und Alanen soll aber, in der ersten Zeit wenigstens, nicht mehr als 50000 Mann betragen haben. Später wurden sie allerdings bedeutend zahlreicher, sowohl durch eigene Fortpflanzung als auch durch Zuzug anderer Barbaren. Diese sowie die Alanen gingen vollständig in den Vandalen auf, nicht allerdings die Mauren. Mit diesen einigte sich Geiserich gütlich und machte nun, seit Valentinian tot war, jedes Jahr mit Frühlingsanfang Streifzüge nach Sizilien und Italien, auf denen er alles vor sich her verwüstete, die Städte zum Teil zerstörte, ihre Einwohner in die Sklaverei führte; als das Land aber nichts mehr zu rauben und zu plündern bot, wandte er sich gegen das Ostreich und brandschatzte Illyrien, den Peloponnes, fast ganz Griechenland und die benachbarten Inseln. Dann landete er wiederum auf Sizilien und Italien und plünderte die Küsten, soweit sein Arm irgend reichte. Als er einst im Hafen von Karthago das Schiff bestieg und schon die Anker gelichtet wurden, soll ihn der Steuermann gefragt haben, gegen wen es diesmal gehe. »Gegen die, denen Gott zürnt«, antwortete er. So fiel er ohne jeglichen Grund jeden an, wie es gerade kam.

Gotenkrieg I, 2

*Die Regentin Amalasuntha erzieht Atalarich
und verteidigt die Herrschaft*

2. Nach Theoderichs Tod kam zur Regierung Atalarich, sein Tochtersohn, ein Knabe von acht Jahren, der unter der Vormundschaft seiner Mutter Amalasuntha stand – sein Vater war nämlich schon tot. Kurze Zeit darauf bestieg zu Byzanz Justinian den Thron. Amalasuntha führte als Vormünderin die Herrschaft gerecht und weise – ein Mann hätte es nicht besser machen können. Solange sie am Ruder war, wurde kein Römer an seinem Leibe oder Vermögen gestraft. Auch wehrte sie den Goten, jenen etwas zuleide zu tun, wozu sie nicht übel Lust

hatten, und gab sogar den Kindern des Symmachus und Boë-
thius ihr väterliches Vermögen zurück. Amalasuntha wollte
ihren Sohn so erziehen, daß er den römischen Fürsten gleich-
stand, und hielt ihn dazu an, eine richtige Schule zu besuchen.
Von den greisen Goten suchte sie drei aus, die nach ihrer
Ansicht die weisesten und mildesten waren, und gesellte sie
ihrem Sohn zu. Das alles paßte den Goten nun durchaus nicht.
Sie wollten von ihrem König nach Barbarenweise regiert sein,
um ihrerseits ungestraft die Unterworfenen drücken zu können. Einst hatte die Mutter im Frauengemach dem Knaben
wegen einer Unart einen Schlag versetzt, und er war weinend
in den Männersaal gelaufen. Die Goten, die gerade anwesend
waren, nahmen diese Behandlung des jungen Königs gewaltig
übel, schalten auf Amalasuntha und äußerten sogar laut, sie
wolle das Kind beiseite schaffen, um dann einen anderen Mann
zu nehmen und mit ihm über Goten und Italiker zu herrschen.
Die Fürsten traten vor Amalasuntha und machten ihr Vorstellungen, der König werde nicht nach altem Brauch erzogen und
das gereiche ihm und ihnen zum Schaden. (»Schulmeister und
alte Leute taugen nicht dazu, einen Gotenprinzen zu erziehen.
Wer sich vor dem Bakel fürchtet, wird nie ein furchtloser
Kriegsmann werden. Theoderich hat ein so großes Reich erobert, und doch schätzte er die Wissenschaft nicht einen Deut.
Daher gib den Lehrern den Laufpaß, o Königin, und laß
Atalarich mit seinen Altersgenossen aufwachsen; dann wird er
ein rechter König nach unserer Art werden.« So ungefähr war
der Sinn ihrer Rede.)

Als Amalasuntha das vernahm, billigte sie es keineswegs,
aber sie fürchtete den Haß der Leute und tat deshalb so, als
wäre ihr das Gesagte ganz recht: Sie gab in allen Punkten
nach und tat nach dem Willen der Barbaren. Die greisen
Erzieher wurden sofort entlassen und dem Atalarich junge
Leute zugesellt, die nicht viel älter waren als er; kaum war er
nun mannbar geworden, so verführten sie ihn zum Trinken und

zum Umgang mit Weibern. So wurde er unter ihrer Einwirkung bald ganz sittenlos und entzog sich törichterweise dem Einfluß der Mutter gänzlich; ja er kümmerte sich gar nicht mehr um sie, obgleich die Barbaren schon offen gegen sie Front machten und laut die Forderung aussprachen, die Frau solle die Regierung niederlegen. Amalasuntha ließ sich durch den Haß der Goten keineswegs schrecken oder nach Weiberart einschüchtern, sondern im Vollbewußtsein ihrer königlichen Würde griff sie drei der hervorragendsten Barbaren, welche ihr die Häupter der Bewegung zu sein schienen, heraus und schickte sie nach den entferntesten Gegenden Italiens, und zwar nicht zusammen, sondern so weit voneinander entfernt wie möglich: Offiziell hieß es, sie sollten das Land vor einem feindlichen Einfall schützen. Die drei, obgleich räumlich weit getrennt, setzten sich durch die Vermittlung von Freunden und Verwandten doch ins Einvernehmen und sannen auf Rache an Amalasuntha. Die Königin wollte aber nicht untätig dabei zusehen und ersann folgendes. Sie schickte nach Byzanz und ließ beim Kaiser Justinian anfragen, ob es ihm genehm sei, die Tochter Theoderichs bei sich zu sehen: sie wolle nämlich Italien so bald wie möglich verlassen. Hocherfreut erwiderte Justinian, sie möge nur kommen, und stellte ihr den prachtvollen kaiserlichen Palast in Epidamnus zur Verfügung: dort solle sie verweilen, solange es ihr beliebe, um dann nach Byzanz zu kommen. Als Amalasuntha diese Antwort bekommen hatte, wählte sie entschlossene und ihr treu ergebene Goten aus und gab ihnen den Auftrag, jene drei Häupter der Verschwörung umzubringen. Sie selbst ließ 40 Zentner Gold und ihre anderen Kostbarkeiten auf ein Schiff bringen, das sie mit ihren getreuesten Dienern bemannte, denen sie den Auftrag gab, nach Epidamnus zu fahren und dort im Hafen vor Anker zu gehen, aber die Ladung nicht eher zu löschen, als bis sie es ausdrücklich befehle. So glaubte sie für alle Fälle gesorgt zu haben: kam die Nachricht vom Tod jener drei, blieb sie und ließ das Schiff zurückkehren, da sie nun nichts mehr zu befürchten hatte; entkam einer von ihren Feinden, so mußte sie alle Hoffnung aufgeben, konnte schnell absegeln und mit ihren Schätzen auf kaiserlichem Boden sich in Sicherheit bringen. In dieser Absicht schickte Amalasuntha das Schiff nach Epidamnus, und als es dort angekommen war, handelten die Wächter des Schatzes ihren Befehlen gemäß. Als bald darauf ihr Anschlag geglückt war, konnte sie das Schiff zurückkommen lassen und in Ravenna bleiben. Ihre Herrschaft stand fester denn je.

Gotenkrieg II, 14-15

Die Heruler: Sitten – Kampf gegen die Langobarden – Fahrt nach Thule – Thule

14. Was für Menschen die Heruler sind und wie sie zu dem Bündnis mit den Römern kamen, will ich jetzt erzählen. Von altersher wohnten sie jenseits der Donau und verehrten viele Götter, die sie mit Menschenopfern ehren zu müssen glaubten. In vielen Stücken wichen sie von den Gewohnheiten der anderen Menschen ab. Wenn sie nämlich alt oder krank werden, dürfen sie nicht mehr leben, sondern sobald jemand altersschwach oder krank wird, muß er seine Verwandten bitten, daß sie ihn sobald wie möglich vom Leben zum Tode bringen. Dann türmen sie einen Scheiterhaufen, auf dem der Betreffende Platz nimmt, und schicken einen Heruler mit einem Dolch zu ihm; derselbe darf aber nicht mit ihm verwandt sein, denn ein Verwandter darf den Todesstreich nicht führen. Ist die Tat vollführt und der Täter herabgestiegen, zünden sie den Scheiterhaufen an allen vier Ecken an; ist die Flamme erloschen, werden die Knochen gesammelt und dem Schoß der Erde übergeben. Wenn ein Heruler gestorben ist, muß seine

Gattin, wenn sie etwas auf ihren Ruf gibt und ihr an einem freundlichen Gedenken nach dem Tod gelegen ist, sich am Grabhügel ihres Gemahls bald nach seinem Begräbnis erdrosseln. Wenn sie es nicht tut, wird sie ehrlos und die Verwandten ihres Mannes fühlen sich durch sie beleidigt. Solche Bräuche hatten früher die Heruler.

Mit der Zeit wurden sie mächtiger und zahlreicher als die barbarischen Nachbarvölker, griffen sie an, besiegten und plünderten sie aus. Schließlich unterwarfen sie auch die Langobarden, welche bereits Christen waren, und einige andere Stämme, und machten sie sich aus Habgier und Hochmut tributpflichtig – dies ist nämlich sonst bei den Völkern jener Gegenden nicht Sitte. In der Zeit, als Anastasius römischer Kaiser wurde, hatten die Heruler keinen Gegner mehr, den sie hätten bekriegen können, legten die Waffen nieder und bleiben drei Jahre hindurch ganz ruhig. Das konnten sie aber nicht länger aushalten: sie überhäuften ihren König Rodulf mit Vorwürfen, nannten ihn einen weibischen Schwächling, beschimpften und verhöhnten ihn auf die schamloseste Weise. Rodulf wollte diese Schmach nicht ertragen und zog gegen die Langobarden, die gar nichts verbrochen hatten, ohne ihnen eine bestimmte Sache, etwa die Verletzung der bestehenden Verträge, vorzuwerfen, sondern wie aus Mutwillen. Als das die Langobarden erfuhren, schickten sie Gesandte an Rodulf, um die Ursache zu erfahren, derentwegen die Heruler gegen sie zu Felde zögen. Wenn sie zu wenig Tribut bekommen hätten, so sollten sie das Fehlende sofort erhalten und hohe Zinsen dazu, oder wenn ihnen der Tribut zu gering erscheine, so würden die Langobarden nicht säumen, ihn zu erhöhen. Mit solchen Vorschlägen kamen die Gesandten, wurden aber von Rodulf unter heftigen Drohungen abgewiesen. Eine zweite Gesandtschaft wurde abgeordnet, die unter vielem Flehen um Schonung bat. Als auch sie fortgeschickt ward, kamen zum drittenmal Gesandte zu Rodulf und beschworen ihn, die Heruler sollten doch nicht so ganz ohne Vorwand den Krieg vom Zaune brechen. Denn wenn jene in solcher Art auszögen, so würden sie, sehr wider ihren Willen, nur der Not gehorchend, dem Angriff Widerstand leisten. Gott riefen sie zum Zeugen an, auf dessen Wink selbst ein leichter Nebelhauch jeder menschlichen Gewalt wehren könne. Gott kenne die Ursachen dieses Krieges und werde danach den Ausgang des Kampfes lenken. So sprachen sie, da sie immer noch hofften, die Angreifer von ihrem Vorhaben abwendig zu machen. Aber die Heruler blieben taub für all diese Vorstellungen und wollten mit den Langobarden kämpfen. Als sie sich nun dicht gegenüberstanden, lagerte sich über den Langobarden eine dicke, schwarze Wolke, über den Herulern dagegen war die Luft ganz klar. Ein Zeichenkundiger hätte daraus entnehmen können, daß es den Herulern in diesem Kampf schlechtgehen würde; denn ein schlimmeres Zeichen konnte ihnen gar nicht zuteil werden. Aber auch hierauf gaben die Heruler nicht acht, sondern gingen leichtsinnig und hochmütig auf ihre Gegner los, weil sie sich auf ihre Überzahl verließen. In dieser Schlacht fiel ein großer Teil der Heruler, unter anderen auch Rodulf; die übrigen flohen in völliger Auflösung, ohne an Gegenwehr zu denken. Auch auf der Flucht wurden noch sehr viele von den nachsetzenden Feinden niedergemacht, und nur wenige entkamen.

Weil nun in ihren Stammsitzen ihres Bleibens nicht länger war, erhoben sie sich und zogen immer weiter mit Weibern und Kindern durch das ganze Land jenseits der Donau. Als sie in das Land kamen, wo früher die Rugier gewohnt hatten, die zusammen mit den Goten nach Italien gegangen waren, wollten sie dort ihre Wohnsitze aufschlagen. Da aber alles wüst lag und bald eine Hungersnot sie bedrohte, zogen sie weiter und kamen in die Nähe des Gepidenlandes. Und zuerst nahmen die Gepiden sie freundlich auf und gestatteten ihnen auf ihre Bitten, unter ihnen zu wohnen. Bald aber fingen sie an, sie zu mißhandeln: sie taten den Frauen Gewalt an und nahmen ihnen die

Rinder und ihre andere Habe fort. Kurz, sie taten ihnen alles erdenkliche Leid an und führten schließlich offen Krieg gegen sie. Die Heruler fanden das unerträglich, gingen über die Donau und siedelten sich bei den Römern an, als Anastasius Kaiser war. Der nahm sie mit großer Freundlichkeit auf und ließ sie dort wohnen; bald aber gaben sie ihm Anlaß zur Unzufriedenheit, da sie ihre römischen Nachbarn mißhandelten, und er schickte ein Heer gegen sie aus. Die Römer waren siegreich in einer Schlacht, töteten den größten Teil von ihnen und hätten sie ganz und gar vernichten können. Aber die Überlebenden stellten sich unter den Schutz des Feldherrn und baten, ihnen das Leben zu schenken; sie wollten Bundesgenossen und Diener des Kaisers werden. Anastasius, dem dies gemeldet wurde, erlaubte das, und so blieben die letzten Heruler am Leben. Aber sie wurden weder Bundesgenossen der Römer noch taten sie irgend etwas für sie. Als nun Justinian Kaiser wurde, beschenkte er sie mit gutem Acker und brachte es mit Hilfe dieses und anderer Geschenke dahin, daß sie in alter Form Bundesgenossen und Christen wurden. Sie gaben ihre wilden Sitten auf und fügten sich den christlichen Bräuchen. Sie sind aber doch treulos und so habgierig, daß sie immer wieder über ihre Nachbarn herfallen und sich dessen gar nicht schämen. Außerdem geben sie sich mit Männern und mit Eseln ab und sind überhaupt die schlechtesten aller Menschen: als Bösewichte mögen sie ein böses Ende nehmen. Später blieben nur einige den Römern treu, wie ich früher erzählt habe; die meisten fielen ab, und zwar aus folgendem Grunde. Die Heruler kehrten ihre Wut in wilder Raserei gegen ihren eigenen König namens Ochon und töteten ihn ganz plötzlich, bloß weil es ihnen einfiel, künftighin ohne König leben zu wollen. Dabei war das nur ein König dem Namen nach, der in Wirklichkeit sich von den anderen gar nicht unterschied; denn jeder verkehrte mit ihm wie mit seinesgleichen und schimpfte auf ihn, wie es ihm beliebte. Die Heruler sind nämlich unverständiger und unordentlicher als alle anderen Menschen. Die Reue folgte übrigens der Freveltat auf dem Fuße nach, denn sie mußten gar bald einsehen, daß sie ohne Herrscher und Führer im Kriege nicht leben könnten. Nach vielem Hin- und Herreden schien es endlich allen das Beste zu sein, wenn sie jemand aus dem königlichen Geschlecht von der Insel Thule holen ließen. Das hängt aber so zusammen.

15. Als die Heruler von den Langobarden geschlagen waren und ihre alten Wohnsitze aufgaben, ließ sich ein Teil derselben, wie ich soeben ausgeführt habe, in Illyrien nieder, der andere wollte nicht die Donau überschreiten, sondern gründete neue Wohnsitze am äußeren Ende der bewohnten Welt: Unter Führung vieler Mitglieder der königlichen Familie zogen sie zuerst durch alle Länder der Sklavenen, dann durch eine Wüste, bis sie zu den Warnen[1] kamen. Dann wanderten sie noch durch das Land der Danen. Und alle diese wilden Völker taten ihnen nichts. Am Ozean angelangt, gingen sie zu Schiff und fuhren nach Thule, wo sie blieben. Thule[2] ist eine sehr große Insel, über zehnmal größer als Britannien; es liegt von dort aus noch weit nach Norden. Der größte Teil dieser Insel ist öde und wüst; auf dem bebauten Teil wohnen dreizehn volkreiche Stämme, deren jeder einen König hat. (Folgt eine Beschreibung der Mitternachtssonne. Prokop bedauert sehr, trotz seines Wunsches diese Insel nicht kennengelernt zu haben. Vierzig Tage hintereinander ist Tag, vierzig Tage Nacht.) Wenn 35 Tage dieser langen Nacht um sind, werden einige Leute auf Bergesgipfeln aufgestellt – so ist es Sitte bei ihnen –, und sobald sie irgendeine Spur von der Sonne entdeckt haben, melden sie es den unten Harrenden, daß in fünf Tagen die Sonne scheinen wird. Dann feiern sie insgesamt ein großes Fest für die frohe Botschaft, und zwar im Dunkeln. Und das ist das größte Fest

---

[1] Suevischer oder vandalischer Stamm an der Ostseeküste, sonst Varini. –
[2] Island.

der Thuliten. Meiner Ansicht nach kommt das daher, daß diese Inselbewohner, wenn auch dies Ereignis alle Jahre eintritt, doch fürchten, die Sonne möchte einmal ganz ausbleiben.

Von den barbarischen Bewohnern Thules führt nur ein Stamm, die Skrithifinen genannt, ein Leben wie die wilden Tiere. Denn sie tragen weder Kleider noch Schuhe; auch trinken sie keinen Wein und ernten keine Feldfrüchte. Sie kennen nämlich den Ackerbau ebensowenig wie weibliche Handarbeiten; vielmehr liegen die Männer gemeinsam mit den Frauen der Jagd ob, wozu ihnen die ausgedehnten Wälder und daran angrenzenden Berge reichlich Gelegenheit geben. Sie nähren sich ausschließlich von dem Fleisch der erlegten Tiere und kleiden sich in deren Felle. Weder Leinen gibt es bei ihnen noch irgend etwas zum Nähen, so daß sie die Felle nur mit den Tiersehnen aneinanderbinden und so den ganzen Körper sich bedecken. Auch die kleinen Kinder werden bei ihnen nicht so genährt wie bei den übrigen Menschen. Denn die Säuglinge der Skrithifinen bekommen keine Milch zu trinken, saugen auch nicht an der Mutterbrust, sondern werden mit dem Mark des erlegten Wildes großgezogen. Sobald ein Weib geboren hat, hüllt sie das Neugeborene sofort in Felle, hängt es an einen Baum, steckt ihm ein Stück Mark in den Mund und geht selbst gleich wieder auf die Jagd; denn diese Beschäftigung betreiben sie mit den Männern gemeinschaftlich. So beschaffen ist die Lebensweise dieser Barbaren. Die anderen Thuliten unterscheiden sich sozusagen gar nicht von den übrigen Menschen. Sie beten viele Götter und Dämonen an: Götter des Himmels, der Luft, der Erde und des Wassers und alle möglichen Dämonen, wie sie im Wasser der Quellen und Flüsse leben sollen. Sie bringen eifrig Opfer dar, auch von Tieren; das herrlichste Opfer aber ist ein Mensch, und zwar der erste Kriegsgefangene. Diesen opfern sie dem Kriegsgott, der ihr oberster Gott ist. Solche Menschenopfer bringen sie nicht nur blutig dar, sondern sie hängen den Kriegsgefangenen auch an ein Holz

oder werfen ihn in die Dornen oder bringen ihn auf andere
höchst martervolle Weise um. So leben die Thuliten. Einer
ihrer größten Stämme sind die Gauten, bei denen die zugezo-
genen Heruler Aufnahme fanden.

Nun schickten diejenigen Heruler, die bei den Römern wohnten und den Mord an ihrem König verübt hatten, einige Edle
nach der Insel Thule, um von dort einen Mann königlichen
Geblütes zu holen und womöglich gleich mitzubringen. Als
diese angekommen waren, fanden sie viele von königlichem
Geschlecht, suchten sich den aus, der ihnen am besten gefiel,
und traten mit ihm zusammen die Rückreise an. Der Mann
starb jedoch an der Krankheit, als er sich im Danenlande
befand. Die Heruler fuhren zu der Insel zurück und holten
einen anderen, namens Todasis. Diesem schloß sich sein Bruder Aordus an und zweihundert Jünglinge von den Herulern
auf Thule. Da aber auf dieser Reise geraume Zeit verstrich,
kam den Herulern, die in der Gegend von Singedon[3] wohnten,
der Gedanke, daß es ihrem Interesse wenig entspräche, wenn
sie sich von Thule einen Herrscher kommen ließen, ohne den
Kaiser Justinian zu fragen. Daher schickten sie nach Byzanz
zum Kaiser und erbaten sich von ihm einen König, der ihm
genehm sei. Der schickte ihnen sofort einen Heruler, der seit
langer Zeit in der Hauptstadt lebte, mit Namen Suartuas.
Zunächst huldigten ihm die Heruler und gehorchten ihm willig,
da er regierte, wie sie es gewöhnt waren. Wenige Tage später
kam aber ein Bote, die Gesandtschaft aus Thule nähere sich
der Heimat. Suartuas machte sich auf, ihnen entgegen, um sie
zu töten; die Heruler billigten seinen Entschluß und folgten
willig seinem Befehl. Aber als sie bis auf eine Tagereise sich
jenen genähert hatten, verließen sie ihn alle bei Nacht und
gingen zu den Ankömmlingen über; Suartuas mußte ganz allein
fliehen und kehrte nach Byzanz zurück. Der Kaiser wollte

---

[3] Sigindunum oder Singidunum, an der Save, unweit Belgrad, vgl. Vand. I, 1.

ihn durchaus in seine Würde wieder einsetzen, und deshalb
schlossen sich die Heruler, welche die römische Macht fürchteten, den Gepiden an. Dies war die Ursache des Abfalls der
Heruler. –

Gotenkrieg IV, 20 (Auszug)

Überfahrt der Seelen nach Britannien

Man erzählt also, daß die Seelen der Verstorbenen immer nach
dieser Insel hinüberfahren. Auf welche Weise, das will ich
sogleich erzählen, wie ich es oft genug von Leuten aus jener
Gegend im Ton ehrlichster Überzeugung habe berichten hören
– ich möchte das Erzählte auf eine gewisse hellseherische
Begabung zurückführen. – An der Küste, die Britannien gegen-
überliegt, befindet sich eine große Zahl von Dörfern, deren
Bewohner von Fischfang, Ackerbau und Schiffahrt nach Britannien sich ernähren. Sie sind den Franken untertan, zahlen aber
keinerlei Tribut, derselbe ist ihnen vielmehr nach ihrer Behauptung erlassen, in Anbetracht einer Dienstleistung, die ich im
folgenden schildere. Jene Leute behaupten nämlich, der Reihe
nach die Überfahrt der Seelen besorgen zu müssen. Diejenigen
nun, welche in der nächstfolgenden Nacht an der Reihe sind
für diese Dienstleistung, gehen, sobald es dunkel geworden
ist, in ihre Wohnungen und legen sich schlafen, bis der Führer
des Zuges sie weckt. Vor Mitternacht merken sie nämlich, wie
es an ihre Türen klopft, und hören die Stimme eines Unsichtba-
ren, die sie an die Arbeit ruft. Sogleich stehen sie, ohne sich
zu besinnen, von ihrem Lager auf und begeben sich an den
Strand, einem gewissen Zwange folgend, über dessen Art sie
sich nicht Rechenschaft geben können. Dort finden sie Kähne
vor, zur Abfahrt bereit, aber ganz menschenleer. Es sind das

nicht ihre eigenen, sondern fremde Fahrzeuge. Sie steigen hinein und greifen zu den Rudern. Dann fühlen sie, wie die Schiffe durch die Menge der Mitfahrenden so schwer belastet werden, daß sie bis an die Deckbalken und die Rudereinschnitte im Wasser liegen und kaum einen Finger breit daraus hervortragen; aber zu sehen ist niemand. In einer Stunde rudern sie nach Britannien hinüber, während sie mit ihren eigenen Schiffen, wenn sie nicht segeln, sondern nur rudern, in einer Nacht und einem Tag kaum hinüberkommen. Wenn sie drüben angelangt sind, merken sie, wie sich die Fahrzeuge entleeren und fahren sofort zurück, und so leicht sind dann die Schiffe plötzlich geworden, daß nur der Kiel unter Wasser sich befindet, der Rumpf sich aber hoch darüber erhebt. Sie sehen keinen Menschen mitfahren noch aussteigen, behaupten dagegen eine Stimme zu hören, die den am Ufer Harrenden jeden einzelnen der Neuankommenden namentlich nennt, die Stellung hinzugefügt, die er bei Lebzeiten bekleidet hat, und seine Abstammung väterlicherseits. Wenn auch Frauen mit hinübergefahren sind, so wird der Name dessen ausgerufen, dem sie im Leben angehörten. Solches geschieht nach den Aussagen der Leute jener Gegend. Ich nehme nun meine Erzählung wieder auf.

AGATHIAS

Agathias Scholastikos (ca. 536-582) wurde in Myrina in Kleinasien geboren. Nach Studien in Alexandreia und Konstantinopel ließ er sich als Anwalt in Konstantinopel nieder. Viele
seiner Schriften sind verloren, und auch sein Geschichtswerk
»Über die Regierung Justinians« in fünf Büchern, das die Jahre
552-558 behandelt, blieb unvollendet. Dieses Werk über die
Goten-, Vandalen-, Franken- und Perserkriege ist trotz seines
poetischen Stils von einigem Quellenwert.

Historien I, 552, 1-3

Die Franken: Ihre Sitten

1. Als Tejas, der dem Totilas in der Herrschaft über die Goten folgte, mit aller Macht den Krieg gegen die Römer wiederaufgenommen und sich dem Narses gegenübergestellt hatte, wurde er aufs Haupt geschlagen und fiel selbst in der Schlacht. Die übriggebliebenen Goten, denen die Römer unablässig zusetzten, machten endlich, da sie durch die beständigen Angriffe hart bedrängt und außerdem an einem wasserlosen Ort völlig eingeschlossen waren, mit Narses einen Vertrag dahin, daß sie ihre eigenen Güter bewohnen und dem römischen Kaiser fürderhin untertan sein sollten. Nachdem diese Sache zu solchem Ende gekommen war, glaubte man allgemein, nun hätten die Kriege in Italien einen Abschluß erhalten. Es war aber nur das Vorspiel zu weiteren; denn meiner Ansicht nach werden sie in unserem Zeitalter überhaupt nicht aufhören, sondern vielmehr dauern und in üppiger Blüte stehen (denn das ist so der Lauf der Welt, und aus der Habgier und Ungerechtigkeit der Menschen erwachsen stets neue Kriege und Unruhen, die Verderben über die Völker bringen). So kam es auch damals. Von den Goten, welche sich infolge des Vertrages zerstreut hatten, gingen die einen, welche früher südlich vom Po gewohnt hatten, nach Tuscien und Ligurien, wie es jedem beliebte; die anderen verteilten sich, wie auch früher, über Venetien in die Städte und Forts dieser Gegend. Als sie nun dort waren, hätte es sich gehört, daß sie den beschworenen Vertrag durch die Tat wahrgemacht und im sicheren Besitz ihres Eigentums sich nicht in langaussehende Verwicklungen gestürzt hätten, um sich von ihren schweren Schicksalen zu er-

holen. Sie dachten aber gar nicht daran, sondern sannen sofort auf Empörung und den Beginn eines neuen Kriegs. Da sie aber für sich allein den Römern nicht mehr gewachsen zu sein glaubten, so wandten sie sich sogleich an die Franken in der Meinung, für ihre Zukunft am besten zu sorgen, wenn sie, durch ein Bündnis mit ihren Nachbarn und Freunden gestärkt, sich wieder zum Krieg erhöben.

2. Das Frankenvolk ist nämlich der unmittelbare Grenznachbar von Italien. Von altersher heißen sie bekanntlich Germanen. Sie wohnen in dem Lande am Rheinstrom; auch gehört ihnen der größte Teil von Gallien, das früher nicht in ihrem Besitz war, sondern erst hinzuerobert ist, ferner die alte ionische Pflanzstadt Massilia . . .[1] Diese Franken sind nun nicht Nomaden, wie fast alle anderen Barbarenvölker, sondern sie haben die römische Verwaltung angenommen, die römischen Gesetze, ebenso römisches Handels- und Eherecht, endlich die Religion. Denn sie sind alle Christen, und zwar durchaus recht gläubige. Stadtverwaltung, Priester, Feste haben sie geradeso wie wir, und für ein Barbarenvolk scheinen sie mir ungemein gesittet und gebildet. Das einzige, wodurch sie sich von uns unterscheiden, ist ihre barbarische Kleidung und ihre eigentümliche Sprache. Ich bewundere sie sowohl wegen ihrer übrigen Vorzüge als besonders wegen ihrer Gerechtigkeitsliebe und Eintracht. Nämlich schon zu öfterenmalen, früher und auch zu meiner Zeit, haben sie niemals, obwohl die Herrschaft bald unter drei, bald unter mehr Fürsten geteilt war, die Waffen gegeneinander erhoben und das Vaterland mit dem Blut seiner Kinder besudelt. (Während anderswo es leicht Krieg und Blutvergießen gibt, wenn mehrere Herrscher sich gegenüberstehen, kommt das bei ihnen nicht vor, auch wenn sie noch so sehr geteilt sind. Wenn wirklich die Könige einen Streit haben,

---

[1] Agathias bedauert, daß diese Stadt ihren hellenischen Charakter ganz verloren hat.

dann greifen wohl alle zu den Waffen, als ob sie damit die Entscheidung im Kriege herbeiführen wollten; wenn sie sich aber gegenüberstehen, lassen sie sogleich ihren Groll fahren, wenden sich zur Eintracht und verlangen von ihren Fürsten, daß sie die Sache gütlich beilegen; geschieht das nicht, so müssen jene ihr Recht selber im Zweikampf suchen, denn es ist bei ihnen weder Sitte noch Recht, daß wegen persönlichen Zwistes jener das ganze Volk leiden muß. Dann lösen sie sofort die Regimenter auf, legen die Waffen nieder, und alles ist wieder Friede und Freundschaft; beide Heere verkehren zwanglos miteinander, und der Streit ist wie weggeblasen. So ist bei ihnen das Volk gerecht und vaterlandsliebend, die Herrscher sind wohlwollend und wenn's darauf ankommt, nachgiebig. Deshalb ist auch ihre Macht festgegründet und ihre Gesetze immer dieselben; von ihrem Lande haben sie nichts verloren, wohl aber viel hinzuerworben. Denn wo Gerechtigkeit und Freundschaft zu Hause sind, da machen sie den Staat glücklich und sicher, und seine Feinde sind ihm gegenüber machtlos[2].

3. Bei so vortrefflichen Einrichtungen sind die Franken ihre eigenen und ihrer Nachbarn Herren. Die Krone erbt sich vom Vater auf den Sohn fort. Auch damals, als die Goten Gesandte an sie schickten, hatten sie drei Könige. Es scheint mir nun nicht unangemessen, ein wenig weiter auszuholen und die Ereignisse, welche kurz vorher waren, zu berichten, um dann zu den Herrschern zurückzukehren, welche damals regierten. Es waren vier Brüder: Childebert, Chlothar, Theoderich und Chlodomer. Diese teilten das Reich, als ihr Vater Chlodwig starb (511) nach Städten und Stämmen gleichmäßig untereinander. Bald darauf zog Chlodomer gegen die Burgunden zu Felde[3],

---

[2] Dies schmeichelhafte Bild von den Franken stimmt nicht ganz mit den sonstigen Berichten überein.
[3] Die Zerstörung des Burgundenreiches ist 523, Chlodomer stirbt 524.

ein germanisches, höchst kriegerisches Volk. In diesem Feldzug
fiel er, von einem Speer mitten in die Brust getroffen. Als er
gefallen war und die Burgunden sein langes Haar sahen, das
bis zum Gürtel herabhing, merkten sie sogleich, daß sie den
Führer der Feinde getötet hatten. Denn bei den Franken darf
ein König sich niemals scheren lassen, sondern von Kind auf
geht er ungeschoren einher und die Locken wallen ihm, in der
Mitte gescheitelt, auf die Schultern von beiden Seiten herab.
Nicht wie die Türken und Avaren gehen sie ungekämmt, borstig
und schmutzig oder über Gebühr gesalbt einher, sondern sie
flechten bunte Bänder hinein und strählen das Haar sorgfältig.
Es so lang zu tragen, ist ein Erkennungszeichen und Ehrenrecht
des königlichen Geblüts; die Untertanen schneiden es rundum
ab und dürfen es nicht lang wachsen lassen. – Die Burgunden
hieben dem Chlodomer den Kopf ab und zeigten ihn seinen
Kriegern, die sofort den Mut sinken ließen und an der Fortset-
zung des Kampfes verzweifelten. So schlossen denn die Sieger,
wie es ihnen am besten dünkte und unter den günstigsten
Bedingungen Frieden, und die Überbleibsel des Frankenheeres
waren froh, in die Heimat zurückkehren zu können. Nachdem
Chlodomer auf diese Weise umgekommen war, teilten sich die
Brüder sein Reich, denn er war kinderlos gestorben. Bald
darauf starb auch Theoderich (534) und hinterließ seinem Sohn
Theodebert mit den anderen Gütern die Krone.

Historien II, 5.

Die Franken: Ihre Waffen und Kriegstaktik

5. Er selbst war guten Mutes und machte alle seine Leute
darauf aufmerksam, daß es sich in dem bevorstehenden Kampf
um eine wichtige Entscheidung handle. »Entweder« – so sagte

er – »werden wir Italien gewinnen, dessentwegen wir gekommen sind, oder es bleibt uns nur übrig, hier ruhmlos zu fallen. Natürlich, edle Genossen, ziehen wir das erstere vor, und bei uns, als tapferen Männern, steht es zu erreichen, was wir begehren.« So und auf ähnliche Weise feuerte Butilin seine Leute beständig an. Sie waren auch ganz getrost und setzten ihre Waffen instand, jeder nach seinem Gutdünkten. Da wurden Äxte, da die eigentümlichen Lanzen geschliffen, die sie Angonen nennen, dort die zerschlagenen Schilde ausgebessert, und das alles ging ihnen leicht von der Hand. Denn die Bewaffnung dieses Volkes ist nur ärmlich und bedarf nicht der Hände verschiedener Handwerker, sondern wenn etwas verdorben ist, bessern die Besitzer es selbst aus. Panzer und Beinschienen kennen sie gar nicht; die meisten gehen barhaupt einher, und nur wenige setzen für die Schlacht einen Helm auf. Brust und Rücken sind nackt bis an die Hüften; von da aus gehen bis zum Knie Hosen aus Leinen oder Leder. Nur wenige sind beritten, weil sie von altersher an den Kampf zu Fuß gewöhnt und darin geübt sind. Am Schenkel tragen sie das Schwert und an der linken Seite den Schild. Bogen, Schleuder oder andere Waffen zum Fernkampf tragen sie nicht, sondern nur zweischneidige Äxte und die Angonen, die sie mit Vorliebe benutzen. Diese Angonen sind Speere von mittlerer Größe, zum Schleudern und zum Stoß im Nahkampf gleich geeignet. Den größten Teil derselben bedeckt der eiserne Beschlag, so daß das Holz kaum am untersten Ende hervorsieht; oben an der Spitze sind an beiden Seiten einige gebogene Spitzen, in der Form von Angelhaken, nach unten gekrümmt. Im Gefecht schleudert nun der Franke einen solchen Angon. Wenn er den Menschenleib trifft, dringt natürlich die Spitze ein, und es ist für einen Getroffenen ebenso wie für einen anderen schwer, das Geschoß herauszuziehen, denn die Widerhaken, die im Fleisch stecken, leisten Widerstand und vermehren die Schmerzen, so daß der Feind, selbst wenn die Wunde an und für sich nicht tödlich war, doch zugrunde gehen muß. Wenn dagegen der Schild getroffen ist, so hängt der Speer von demselben herab und bewegt sich gleichzeitig mit demselben, und das unterste Ende schleppt am Boden nach. Der Betroffene kann den Speer nicht herausziehen wegen der eingedrungenen Haken und auch nicht abhauen, da das Holz durch das umgelegte Ende geschützt ist. Sieht das der Franke, so springt er schnell darauf und tritt auf den Lanzenschaft, so daß der Schild herabgedrückt wird, die Hand des Eigentümers nachgeben muß und Kopf wie Brust entblößt werden. Dann ist es ein leichtes, den unbedeckten Gegner zu töten, entweder durch einen Axthieb auf den Kopf oder durch einen Stoß mit einem zweiten Speer in die Kehle. So ist die Bewaffnung der Franken, und dergestalt rüsteten sie sich zum Kampf.

ZOSIMOS

Zosimos (2. Hälfte des 5. Jahrhunderts n. Chr.) stammt vermutlich aus Gaza und war ein hoher Staatsbeamter unter Theodosius II. Er verfaßte eine »Römische Geschichte« (in sechs Büchern) in griechischer Sprache, die die Zeit von Augustus bis Dokletian (27-305 n. Chr.) im Abriß, von da bis 410 n. Chr. ausführlich darstellt. Die Tendenz des Geschichtswerkes ist christenfeindlich, der Niedergang Roms wird von Zosimos als Folge des Abwendens vom nationalrömischen Glauben aufgefaßt.

Römische Geschichte, III–V

Julian im Kampf gegen die Germanen. 356-360

III, 1,1: Nachdem er mit Gallus Caesar so verfahren war, brach Constantius von Pannonien nach Italien auf. Überall sah er, daß das römische Reich durch die Einfälle der Barbaren zerrissen wurde: die Franken, Alemannen und Sachsen hatten bereits vierzig Städte am Rhein eingenommen und in Trümmern zurückgelassen, nachdem sie eine ungezählte Menge ihrer Einwohner und unerhörte Beute wegführten; die Quaden und Sarmaten hatten mit äußerster Kühnheit Pannonien und Ober-Mösien überrannt; (...)

(In dieser Situation beschließt Constantius auf Anraten seiner Gattin Eusebia, Julian, einen Halbbruder des Gallus und Enkel des Constantius I., zum Statthalter – Caesar – der Provinzen jenseits der Alpen zu machen.)

III, 3: Nachdem er also seinem Caesar die volle Autorität über die Provinzen unter seiner Kontrolle übertragen hatte, marschierte Constantius nach Osten, um den Persischen Krieg beizulegen. Julian dagegen fand heraus, daß die meisten gallischen Armeen aufgerieben waren und die Barbaren ungehindert den Rhein überquerten und fast die am Meer gelegenen Städte erreichten, und er inspizierte die Stärke seiner verbliebenen Truppen. (2) Und als er sah, wie erschreckt die Soldaten in dieser Provinz bei der bloßen Namensnennung »Barbaren« waren, während die ihm von Constantius überlassenen Truppen, 360 an der Zahl, nur ihre Gebete aufsagen konnten, da hob er so viele Rekruten wie möglich in der Provinz aus und nahm viele Freiwillige auf. Er dachte auch an Waffen, und als er in einer Stadt alte Waffen vorfand, ließ er sie wieder instand setzen und verteilte sie an die Soldaten. (3) Als die Kundschafter ihn darüber informierten, daß in der Nähe von Argentoratum eine riesige Menge von Barbaren den Rhein überquert hätten, zog er mit seiner improvisierten Armee sofort los, griff den Feind an und errang einen Sieg, der der Übertreibung trotzt; denn in dieser Schlacht wurden 60 000 Männer getötet, und ebenso viele sprangen in den Rhein und ertranken. So wird jemand, wenn er diesen Sieg mit dem Alexanders über Darius vergleichen will, Julians nicht geringer finden[1]. (...)

III, 6: Nun waren alle Barbaren in Germanien völlig verzweifelt und erwarteten die drohende und totale Vernichtung aller noch Lebenden. So sandten die Sachsen, die von den dort lebenden Barbaren am berühmtesten für ihren Willen, ihre Kraft und Standhaftigkeit im Kampf waren, die Quaden[2], einen Teil ihres eigenen Volkes, in römisches Gebiet. (2) Als sie durch die benachbarten Franken, die aus Furcht dem Caesar keinen Anlaß zu einem weiteren Angriff auf sich geben wollten, an der Flußüberquerung gehindert wurden, bauten sie Boote, in denen sie den von den Franken besetzten Teil des Rheines umgingen, und marschierten auf römisches Territorium zu. Als sie Batavia[3] erreichten, vertrieben sie die Salier[4]. (3) Auf diese Nachricht hin griff der Caesar die Quaden an und befahl seiner Armee, heftig gegen sie zu kämpfen. Er instruierte sie aber, keinen der Salier zu töten oder am Hinüberkommen auf rö-

---

[1] Wahrscheinlich die Schlacht Alexanders bei Gaugamela 331 v. Chr.
[2] Eventuell eine Verwechslung mit den Chamaven, gegen die die Feldzüge 358 begannen. Diese Verwechslung unterläuft Zosimos durchgängig.
[3] Eine Insel im Rhein, größer als andere Flußinseln.
[4] Ein Volksstamm der Franken, die vorher von den Sachsen aus ihrem eigenen Land auf die Insel Batavia vertrieben worden waren; vor der Besiedlung durch die Salier gehörte die Insel den Römern.

misches Gebiet zu hindern, da sie nicht als Feinde kamen, sondern gegen ihren Willen durch die Quaden vertrieben wurden. Als die Salier von der Güte des Caesars erfuhren, kamen einige mit ihrem König auf römisches Territorium hinüber, während andere in die Berge flüchteten; doch alle kamen als Bittsteller zum Caesar und überließen ihm freiwillig ihr Schicksal. (4) Der Caesar sah, daß die Barbaren nun den Mut zum Krieg verloren hatten und in heimlichen Überfällen und Plünderungen Zuflucht suchten, was keinen geringen Schaden für das Land bedeutete. (...)

Beginn der Völkerwanderung. 375. Schlacht bei Hadrianopel. 378.

IV, 20: (...) (3) Unterdessen tauchte plötzlich ein vorher unbekannter barbarischer Stamm auf und griff die Goten jenseits der Donau an. Diese Menschen wurden Hunnen genannt. (4) Bei ihrem Kommen mit Pferden, Frauen, Kindern und Wagen griffen sie die Goten an, die auf der anderen Seite der Donau wohnten. (...)

VI, 21: Als das Reich durch diese große Gefahr bedroht wurde, eilten Boten zum Kaiser, um ihm das Geschehene zu melden. Er machte so gut wie möglich mit den Persern Frieden, verließ Antiochia und marschierte über Konstantinopel nach Thrakien, um die aufständischen Goten zu bekriegen.

IV, 22: Als Kaiser Valens sah, daß die Goten ganz Thrakien verwüsteten, beschloß er, zunächst die Sarazenen, die er aus dem Osten mitgebracht hatte und die ausgezeichnete Reiter waren, gegen die gotische Kavallerie zu schicken. (2) Auf den Befehl des Kaisers hin verließen sie die Tore Konstantinopels in kleinen Gruppen, durchbohrten die versprengten Goten mit ihren Lanzen und brachten an jedem Tag die Köpfe vieler Feinde zurück. Da die Goten der Schnelligkeit ihrer Pferde und der Wucht ihrer Lanzen nur schwer widerstehen konnten, entschlossen sie sich, den Sarazenen mit einer Kriegslist zu begegnen, und legten einen Hinterhalt in einigen Tälern, wobei sie die Sarazenen an Zahl dreifach überboten. (3) Dennoch wurde dieser Plan vereitelt, da die Sarazenen aufgrund der Schnelligkeit und Kontrollierbarkeit ihrer Pferde jedesmal entkamen, wenn sie eine sich nähernde Schar von Goten entdeckten; doch wann immer die Sarazenen die Goten unversehens überraschten, töteten sie diese mit ihren Lanzen, und es gab ein solches Gemetzel, daß die Goten aufgaben und es vorzogen, die Donau zu überqueren und sich den Hunnen zu ergeben, als durch die Sarazenen völlig vernichtet zu werden. Als sie die Gegend um Konstantinopel verließen, hatte der Kaiser Raum, um seine Armee vorrücken zu lassen. (...)

IV, 24: Obwohl Sebastianus dieses Vorgehen empfahl, ermutigten seine Widersacher, da Sie Valens mit seiner gesamten Truppe vorrücken lassen wollten, den Kaiser, in den Krieg zu ziehen mit den Worten, daß die Barbaren fast vollständig vernichtet seien und er einem leichten Sieg nahe sei. Dieser schlechtere Rat setzte sich durch, da das Schicksal die Ereignisse zur Katastrophe hinsteuerte, und der Kaiser führte seine ganze Armee in kompletter Unordnung in die Schlacht[5]. (2) Die Barbaren begegneten ihnen ohne Zögern und errangen einen leichten Sieg: die Schlacht war fast ein totales Massaker. Der Kaiser flüchtete mit einigen Gefolgsleuten in ein Dorf ohne Mauern. Der Feind häufte daher Holz ringsum auf, das er entzündete, und verbrannte damit sowohl diejenigen, die dort Zuflucht gesucht hatten, als auch die normalen Einwohner. Die Leiche des Kaisers wurde nie gefunden. (...)

[5] 09.08.378

Der Westgotenkönig Alarich verschont 395 bei der Plünderung
Griechenlands die Stadt Athen

V, 5: (...) (5) Darauf verließ Alarich Thrakien und zog nach
Makedonien und Thessalien, wobei er alles in seinem Weg
zerstörte. Als er sich den Thermopylen näherte, schickte er
heimlich Boten an den Prokonsul Antiochus und an Gerontius,
den Garnisonskommandanten der Thermopylen, um sein Kommen anzukündigen. (6) Der Letztere zog seine Wachttruppen
zurück und überließ den Barbaren freien und ungehinderten
Zugang nach Griechenland. Diese begannen sofort, das Land
zu plündern und die Städte völlig zu zerstören; sie töteten die
Männer jeder Altersgruppe und entführten Frauen und Kinder
in Massen, sowie sie auch all die Reichtümer als Beute mitnah-
men. (7) Ganz Böotien und die anderen Teile Griechenlands,
die die Barbaren nach ihrem Betreten Griechenlands durch-
quert hatten, waren so verwüstet, daß sie seit damals bis zum
heutigen Tag Anzeichen ihrer Niederlage zeigen. Allein Theben
entkam, teils wegen der Stärke der Stadt, teils weil Alarich zu
ungeduldig auf die Einnahme Athens war, um die Stadt zu
belagern. (8) So entkamen die Thebaner, und er marschierte
nach Athen, in der Erwartung, die Stadt leicht einzunehmen,
da sie für eine Verteidigung durch ihre Einwohner zu großflä-
chig war; weiterhin erwartete er, daß die Belagerten bald kapi-
tulieren würden, da der Piräus obendrein knapp an Vorräten
war. Dies waren Alarichs Hoffnungen, doch die Stadt gewann
einen gewissen göttlichen Schutz für sich, trotz der gegenwärtigen Gottlosigkeit, und entging so der Zerstörung.

V, 6: Und ich sollte die Gründe für die wunderbare Rettung
der Stadt nicht mit Stillschweigen übergehen, denn dies wird
in allen, die es hören, Frömmigkeit erregen. Als Alarich mit
seiner gesamten Armee zu der Stadt kam, sah er die Schutz-
göttin Athena, die genau wie ihre Statue aussah, über die

Mauern schreiten, bewaffnet und bereit, dem Angriff Widerstand zu leisten; außerdem sah er an der Spitze ihrer (der Athener) Truppen den Heros Achilles, gerade so wie ihn Homer in Troja beschrieb, als er in seinem Zorn kämpfte, um den Tod des Patroklos zu rächen. (2) Diese Erscheinungen waren zuviel für Alarich, der sein Vorgehen gegen die Stadt aufgab und Herolde zu Friedensverhandlungen ausschickte. (...) Nach der Annahme der Bedingungen und dem Austausch von Eiden betrat Alarich mit einigen Männern die Stadt. Er wurde mit aller Freundlichkeit behandelt, und nachdem er ein Bad genommen hatte, von ausgewählten Bürgern unterhalten worden war und auch Geschenke erhalten hatte, zog er fort und ließ die Stadt und ganz Attika unversehrt zurück. (...)

MENANDER PROTEKTOR

Menander, mit dem Beinamen Protektor, lebte und schrieb in der zweiten Hälfte des 6. Jahrhunderts n. Chr.

Er führte zunächst als Jurist ein leichtes Leben, beschäftigte sich später aber mit historischen Studien und schrieb eine »Geschichte« (ἱστορία), die die Zeit von 558 bis 582 behandelt. Menander Protektor schließt damit an das Werk des Agathias an, den er auch sprachlich zu seinem Vorbild macht.

Leider sind von seinem Werk, das einen vorzüglichen Quellenwert besitzt, nur noch Fragmente erhalten, die in den Exzerpten des Konstantinos Porphyrogennetos und in der Suda überliefert sind.

Geschichte, 23 M-26 M; 49 M; 62 M

Die folgenden Fragmente schildern, wie die Awaren in die Politik der östlichen Germanenreiche eingreifen, den Untergang des Gepidenreiches herbeizuführen helfen, dann aber die Langobarden zum Abzug nach Italien nötigen und auch ihr Gebiet besetzen.

Bündnis zwischen Awaren und Franken. 565 n. Chr.

23 M: Als die Awaren und Franken ein Bündnis geschlossen hatten und Friede zwischen ihnen herrschte, bedeutete der Awarenfürst Baianos dem Frankenherzog Sigisbert, wie sehr sein Heer unter Hunger leide, und er, Sigisbert, dürfe als rechtmäßiger Herrscher, noch dazu im eigenen Land, ein verbündetes Heer nicht im Stich lassen. Er versprach aber, wenn das Awarenheer mit Lebensmitteln versorgt sei, nicht länger als drei Tage zu bleiben und dann weiterzuziehen. Als dies Sigisbert gemeldet worden war, schickte er den Awaren sogleich Mehl, Hülsenfrüchte, Schafe und Rinder.

Den Untergang des Gepidenreiches und den Abzug der Awaren nutzte das Rhomäerreich nun dazu, um Sirmium, das die Gepiden seit 536 besetzt gehalten haben, wieder in seine Gewalt zu bringen. Alsbald machen die Awaren ihre Forderungen auf Sirmium geltend.

Langobardengesandte hetzen die Awaren gegen die Gepiden und Rhomäer auf. 566 n. Chr.

24 M: Der Langobardenherrscher Alboin hatte seine Feindschaft gegenüber dem Gepidenfürsten Konimund keineswegs begraben, sondern wollte die Macht der Gepiden mit allen Mitteln brechen. Daher schickte er, um ein Waffenbündnis

abzuschließen, Gesandte an Baianos. Diese wurden von dem
Fürsten empfangen und baten ihn, sie nicht abzuweisen, weil
sie so viel Schmach von den Gepiden erdulden müßten, besonders, da auch die Rhomäer, die Todfeinde der Awaren, den
Gepiden Waffenhilfe gewährt hätten. Sie wünschten auch nicht
so sehr gegen die Gepiden zu kämpfen als vielmehr gegen
Kaiser Justinus, diesen Erzfeind der Awaren, der das zwischen
ihnen und seinem Onkel Justinian schon früher geschlossene
Bündnis mißachte und den Awaren die üblichen Geschenke
vorenthalte. Sie setzten hinzu, wenn Awaren und Langobarden
sich verbündeten, so würden sie wohl unbesiegbar sein, die
Gepiden vernichtend schlagen und sich den Besitz ihres Reichtums und ihres Landes teilen. Gemeinsam könnten sie dann
leicht Skythien und sogar Thrakien besetzen, aus dieser unmittelbaren Nachbarschaft dann ohne Mühe in rhomäisches
Reichsgebiet eindringen und bis Byzanz vorstoßen. Die langobardischen Gesandten betonten außerdem, ein Krieg gegen
die Rhomäer liege im eigensten Interesse der Awaren, weil
ihnen andernfalls die Rhomäer zuvorkommen und sie in ihrem
Heimatland bekriegen und vernichten würden.

*Die Langobarden erbitten abwechselnd von Awaren und Rho-
mäern militärische Hilfe.*

25 M: Baianos empfing zwar die langobardischen Gesandten,
beschloß aber, sie geringschätzig zu behandeln, um so das
Abkommen mit ihnen zu günstigeren Bedingungen für ihn
selbst abzuschließen. Daher gab er einmal vor, er könne kein
Bündnis schließen, ein andermal wieder, er könne wohl, wolle
aber nicht. Kurz, er machte sie unter allen erdenklichen Vorwänden mürbe. Dann tat er, als wolle er endlich ihrer Bitte
entsprechen, jedoch nur unter der Bedingung, daß sie ihm
unverzüglich ein Zehntel des gesamten Viehbestandes der

Langobarden überließen; für den Fall eines Sieges bean-
spruchte er die Hälfte der Beute und das ganze Gepidenland.
Auf Grund dieses Abkommens rüsteten sie nun zum Krieg
gegen die Gepiden.

Als Konimund das erfuhr, soll er in heller Angst sofort
Gesandte an Kaiser Justinus geschickt und ihn beschworen
haben, ihm wieder, wie schon früher, in der Gefahr beizustehen. Dabei versprach er ihm abermals die Abtretung von Sirmium und des gesamten Gebiets bis zur Drau. Er schämte sich
nicht einmal, daß er das schon einmal geschworen und dann
seinen Eid gebrochen hatte. Da der Kaiser daraus erkannte
und aus den Ereignissen ersah, daß Konimund nicht zu trauen
sei, hielt er es für ratsam, ihm die Hilfe nicht abzuschlagen,
dafür aber die Erfüllung seiner Bitte unter allerhand Ausflüch-
ten hinauszuzögern. Er erwiderte also, die rhomäischen Heere
seien in den verschiedenen Provinzen verstreut; er werde sich
bemühen, sie rasch zusammenzuziehen und ihm so schnell wie
möglich Hilfe zu schicken. Dies habe ich von Konimund gehört, kann es aber nicht recht glauben; scheint mir doch ein
Mann, der schon einmal ein Bündnis brach und dann zum
zweitenmal schließen wollte, allzu unverschämt. Es heißt aber,
daß damals auch die Langobarden nicht nur Gesandte zu
Justinus schickten, sondern auch die Gepiden bei den Rhomäern als undankbar anklagten, um sich selbst als einer Unterstützung würdiger darzustellen, was ihnen freilich nicht gelang.
Immerhin erreichten sie beim Kaiser so viel, daß die Rhomäer
keinem der beiden Völker Truppen zu Hilfe sandten.

*Der Awarenfürst Baianos läßt rhomäische Gesandte in Fesseln
legen. 568 n. Chr.*

26 M: Als Baianos sich mit der Absicht trug, Sirmium zu
belagern, ließ er den Dolmetscher Vitalianos und den Komitas

in Fesseln legen. Diese beiden hatte Kaiser Justinus zu ihm
geschickt, damit sie mit ihm wegen verschiedener Fragen verhandeln sollten. Er aber ließ sie dem allgemein anerkannten
Gesandtenrecht zuwider in Ketten legen.

Gleichzeitig verheeren die Langobarden Italien. Es gibt nicht genug
Truppen, um sich ihrer zu erwehren. Man muß sie durch Geldzahlungen beschwichtigen.

Tiberios wirbt mit Geld um die Langobardenfürsten.
577/578 n. Chr.

49 M: Der Kaiser schickte eine große Geldsumme nach Italien,
an die dreitausend Pfund Gold, die ein Patrizier namens Pamphronios aus Rom gebracht hatte; dieser war damals in die
Kaiserstadt gekommen, um den Caesar zu bitten, Italien von
den drückenden Einfällen der Langobarden zu befreien. Der
Caesar aber, der über dem Perserkrieg alles andere zurückge-
stellt hatte und diesen eifrig und mit ganzer Kraft führte,
konnte kein Heer schicken und hielt es auch nicht für ratsam,
gleichzeitig im Westen und im Osten zu kämpfen. Er übergab
jedoch dem Pamphronios Geld, um damit die Langobarden zu
bewegen, mit ihrem ganzen Heer zu den Rhomäern überzuge-
hen und Italien in Frieden zu lassen; sie sollten die Waffen
gegen den Osten erheben und den Rhomäern Hilfe bringen.
Weigerten sich die Langobarden jedoch, was zu erwarten war,
so sollte Pamphronios einen anderen Weg einschlagen, um
einige Frankenfürsten mit Geld für sich zu gewinnen und so
die Macht der Langobarden zu erschüttern und zu untergraben.

So wie etwa zwei Jahre vorher, kam zu Anfang 579 wiederum eine Gesandtschaft mit Hilferufen aus dem von den Langobarden bedrängten Altrom. Diesmal konnten sogar Truppen entsandt werden, aber wirklichen Erfolg hatte nur das den Langobarden gezahlte Geld. Tatsächlich treten kurz nachher einige Langobardenfürsten als kaiserliche Duces, d. h. höhere Offiziere auf.

Tiberios gewinnt viele Langobardenfürsten durch Geschenke, um Italien vor ihren Raubzügen zu schützen.

62 M: Fast ganz Italien wurde von den Langobarden verwüstet und gebrandschatzt. Daher kamen einige Senatoren aus Rom und mit ihnen einige vom obersten römischen Priester (Papst) entsandte Priester zum Kaiser mit der Bitte um Hilfe für ihr Land. Damals aber wütete in Armenien und im Orient ununterbrochen der Perserkrieg; ja, er nahm sogar noch an Schärfe zu. Daher konnte der Kaiser keine ausreichenden Hilfstruppen nach Italien schicken. Dennoch sammelte er an Truppen, was er entbehren konnte, und schickte sie nach Italien. Zugleich bemühte er sich, so gut er konnte, die Langobardenfürsten durch Geschenke zu gewinnen und mit Versprechungen auf reichen Lohn auf seine Seite zu ziehen. So gingen zahlreiche Langobardenfürsten nach Empfang der kaiserlichen Geschenke zu den Rhomäern über.

GEORGIOS MONACHOS

Georgios Monachos (auch mit dem Beinamen Hamartolos) lebte und arbeitete um die Mitte des 9. Jahrhunderts.

Er war ein typischer Vertreter der Mönchschronistik in Byzanz und verfaßte eine »Weltchronik« (χρονικὸν τόντομον) über die Zeit von Adams bis 842 n. Chr. Für die Zeit bis 812 benutzte er verschiedene Quellen; erst ab 813 besitzt sein Werk selbständigen Wert.

Georgios' Hauptinteresse galt theologischen und kirchlichen Dingen, und von diesem Blickpunkt aus beurteilte er auch die Kaiser.

Weltchronik, IX, 5

*Valens wird am 9. August 378 bei Hadrianopel vernichtend
geschlagen*

IX, 5: Zu jener Zeit wendeten sich die Kriege des gottlosen
Kaiser Valens[1], die er gegen die Kirchen Gottes führte, gegen
die Feinde. Denn nachdem die Goten aus ihren eigenen Gebieten herausgezogen waren, ergossen sie sich über ganz Thrakien
und begannen, mit ihren Waffen die Städte und Äcker wütend
zu verheeren. Damals äußerten die Bürger heftige Schmähungen gegen Valens, weil er nicht in den Krieg zog; als er jedoch
auszog, da ergriff Isakios, der heilige Mönch, den Zügel seines
Pferdes und sprach zu ihm: »Wohin gehst du, Kaiser, der du
gegen Gott kämpfst und Gott zum Widersacher hast?« Voll
Zorn auf ihn befahl Valens, ihn einzusperren, und drohte ihm
mit dem Tod, wenn er zurückkäme, wie Ahab dem Michaias.
Dieser (Isakios) jedoch, erfüllt von derselben prophetischen
Gnade, gab ihm in ähnlicher Weise die Antwort vor dem
gesamten Volk. Danach ereignete sich eine Schlacht bei Hadrianopel, und er (Valens) wurde vernichtend geschlagen und
floh mit einigen wenigen nach Hause; dies erfuhren die Feinde
und verbrannten ihn mit denen, die bei ihm waren, in seinem
eigenen Haus, nachdem er vierzehn Jahre lang gottlos regiert
hatte.

---

[1] Anfänglich war Valens nikänisch eingestellt, doch nach seiner Taufe im Jahre
367 wurde er zum verfolgungssüchtigen Arianer.